Why We Love Dogs, Eat Pigs, and Wear Cows
An Introduction to Carnism

私たちはなぜ 犬を愛し、 豚を食べ、 牛を身にまとうのか

カーニズムとは何か

メラニー・ジョイ
玉木麻子 訳

青土社

私たちはなぜ犬を愛し、豚を食べ、牛を身にまとうのか

目次

私たちはなぜ犬を愛し、豚を食べ、牛を身にまとうのか

カーニズムとはなにか

あらゆる場所の目撃証人たちに捧げる。
あなたの目を通して、道が切り開かれるでしょう。

ある国の偉大さと道徳的発展は、その国における動物の扱いかたを見ればわかる。
マハトマ・ガンジー

一〇周年記念版に寄せる序文

ユヴァル・ノア・ハラリ

今日、地球上でもっとも不幸な生き物は何だろうかと、オリンピックのスタイルで競争したら、金メダルをかけて争うのはおそらく、人間の気まぐれとニーズを満たすために飼育される牛と鶏と豚であるのは間違いないだろう。しかしなぜこの動物たちの生きざまはそんなにも残酷なのだろうか？

野生動物と比べて、家畜は楽に生きているように思えるかもしれない。例えば、酪農場で飼育されている牛とアフリカのサバンナに生きるシマウマを想像してみよう。シマウマは一日中食べ物や水を探し回り、時には全くありつけない時もある。シマウマは常に捕食動物に狙われ、病気や洪水、干ばつといった自然災害に見舞われる恐れに四六時中さらされている。対照的に、家畜牛は飼育員が餌、水、ワクチン、薬などを与え、いつも管理が行き届いており、捕食動物や自然災害から守られているように見える。だが、私たちの多くがそう信じるよう教えられたこととは裏腹に、家畜動物は犬や猫であったら非難の対象となるような酷い状況下で生きており、そしてやがては屠殺場送りとなるのだ。たとえ肉体的に必要最低限のケアが施されていたとしても、家畜動物の社会的あるいは感情的ニーズは無視されている。現代は家畜動物を、豊かな感情や感覚を持つ生き物ではなく、まるで牛乳、肉、卵を作り出すマシンであるかのように扱うのである。

家畜動物の感情の世界を理解するためには、二一世紀の工業化社会における彼らのおかれた状況だけでなく、はるか昔に遡った当時の家畜動物の生活を知る必要がある。現状を理解するために歴史的ルーツを調査するのは、進化心理学という科学的領域であり、その研究が明らかにすることは、牛、鶏だけでなく人間まで含めた生き物すべてに該当するのだ。例えばこのことを、人間が甘いものや脂っこい食べ物に魅了されることで考えてみよう。二一世紀の現代、こうした食べ物に魅了されることは意味がない。実際、有害でさえある。今日地球上では、飢え、戦争、テロでの死者を合計した数よりも多くの人が、なんと肥満と糖尿病で命を落とすのである。普通の人はアルカイーダの攻撃よりもマクドナルドの食べ過ぎで死ぬ確率の方がはるかに高いのだ。私たち人間はなぜそんなことを自分に対してするのだろうか?

それは、私たちの感情や感覚の世界が現代の産業社会ではなく、数万年前のアフリカのサバンナにいた先祖の生きていた世界で繁栄するように進化したからである。五万年前、私の先祖がアフリカのサバンナを歩いていた時、よく熟して甘い果物がなる木を見つけた。その状況で正しいと思われる反応は、近くの群れのヒヒに横取りされる前に、できる限りたくさんの果物をできる限り早く食べることなのだ。もし私の先祖に希少突然変異の遺伝子があって、甘くて脂っこい食べ物が嫌いだったら、おそらく生き延びることはできなかったであろう。私が自宅の冷蔵庫を開けてチョコレートケーキを見たら、ＤＮＡと脳の神経細胞は今が二一世紀だということがわからず、未だにアフリカのサバンナにいると思ってしまうため、そのチョコレートケーキをどうしても食べなければならないという欲求にかられるのだ。

これと同じ原理が動物にも当てはまる。子犬がじゃれて遊ぶのが大好きなことを例に挙げよう。なぜ、そうするのだろうか？　なぜなら数万年前、犬の先祖である狼にとって遊びが生存に不可欠だったからだ。狼は社会的な生き物だ。彼らは群れの仲間と協力し合うことによって生き延び子孫を残すことができたのである。多くの場合遊びを通して群れの中のルールを学ぶ。だから、他の子供たちとあまり遊びたがらないような希少突然変異の遺伝子を持つ狼の子は、おそらく生きながらえることができなかったであろう。

もし子犬をケージの中に一頭きりで隔離し、水、餌、薬だけを与えてその犬が思春期に入ったころ精子を採取し発情期の雌に人工授精させたらどうなるだろう？　生まれてくる子犬は、もはや生き延びるために遊ぶ必要はない。しかしじゃれて遊びたいという強い感覚はいまだ持ち合わせていて、そのため、生きている間ずっとケージに閉じ込め続けられれば、たとえ食べ物と寝床が与えられたとしても、その犬は非常に不幸であるだろう。感情的な欲求は今おかれている状態ではなく、進化の過程の初期段階の影響を反映するからだ。

もちろん家畜動物にとっても同様である。農場で牛や鶏がいくら十分に餌、水、薬、寝床が与えられたとしても、彼らの感情的、社会的なニーズは完全に無視され、それは耐えがたい苦しみへと繋がるのである。

もちろん私たちは、動物に情緒や社会的欲求があると考えることは正しいのか、という難しい問題を提起することができる。動物を擬人化するという罪を犯しているのだろうか？ 例えば小さな男の子がテーブルにぶつかって、その子はそのテーブルが人間のように感情や意思を持っていて、自分を意図的に傷つけたと思う、といった感じに。科学者として知っている限りでは、この場合は決して擬人化とは呼べない。感情は、詩を書いたり音楽を楽しむために神によって人間だけに与えられた精神的特性ではない。感情は、自然淘汰の過程で進化してきた生化学的メカニズムであり、それによって動物たちは生存と繁殖のために毎日直面する困難に立ち向かうことができるのだ。私たちの知る限りでは、すべての哺乳類、鳥類、そして少なくとも何種かの爬虫類と魚類にはこの感情というものがある。だから、牛には感情があると言う時、私はなにも牛を擬人化しているわけではない。牛を哺乳類として考えているだけなのだ。そしてそれは紛れもない事実だ。

感情は問題を解決する際の生化学的メカニズムであるとは、いったいどういうことだろうか？　例として次のような問題をあげよう。ヒヒが木にたわわに実っているバナナを見つけたが、その木からそれほど遠くない場所にライオンがいることにも気がついた。ヒヒはライオンの餌食になる危険を冒してまで、バナナを手に入れるため木に近づくべきだろうか？　これは基本的には、バナナを手に入れないことによってヒヒが飢えて死ぬ確率は、バナナを得ようとしてライオンに襲われ餌食となる確率よりも高いかどうかを問う可能性を計算する数学の問題だ。

この問題を解くために、ヒヒはあらゆる不確定要素を考慮に入れる必要があるのだ。自分（ヒヒ）とバナナの間の距離、バナナとライオンの間の距離、自分はどれだけ速く走れるか、ライオンはどれだけ速く走れるか、ライオンはお腹いっぱいで眠いのだろうか、それともお腹がすいていて獲物を探しているのだろうか、バナナにしても、小さくてまだ緑がかったものが三つぶら下がっているのと、大きくよく熟れたものが一〇個もあるのでは、その価値には大きな違いがある。しかしこうした外的不確定要素だけではまだ判断には不十分である。ヒヒは本当に正しい決断をするのに、ヒヒ自身の内面的状態も鑑みる必要があるのだ。自分の身体にあるエネルギーレベルはどれくらいだろう？　もし余力がほとんど残っていなかったら飢えで死んでしまうかもしれない、そうであればライオンに襲われる危険を冒してでもバナナを取りに行くのは、生き延びるためには価値がある。一方、ヒヒは現在エネルギーに満ち溢れていて、バナナが贅沢以上のものでないのであれば、危険を冒す必要はないのだ。

これらすべての不確定要素を計算し、その計算が正確になされれば、ヒヒは生き延び、子孫を後世に残すことができる。危険をあまりにも深刻に捉えすぎて非常に臆病なヒヒは飢え死に、臆病という気質を持った遺伝子は次の世代にはもう受け継がれないし、危険をあまり重要視しない向こう見ずなヒヒはライオンの餌食となり、向こう見ずという気質を持った遺伝子も次の世代には受け継がれない。進化とは、刻一刻とさまざまな種をフィルターにかける統計に基づいており、データを最適化計算した動物の遺伝子のみが次世代に受け継がれるのである。

では、これらの計算は実際にはどのようになされるのであろうか？　ヒヒはおもむろに耳にかけていたペンを取って握り、着ているジャケットの内ポケットからメモ帳を取り出して、走るスピードと自分の余力を計算するわけでもないし、当然のことながら計算機も持っていない。ヒヒの身体と感情が計算機なのだ。私たちが日頃、情緒、感情、感覚という言葉で表現しているものが、実は計算をしているのだ。つまり、ヒヒは腹ペコなのかお腹がいっぱいなのかを感じ、ライオンが脅威なのかそうではないのかを知覚し、バナナに心を惹きつけられるかそうでないのかを感じる。ほんの一瞬でヒヒは感覚、感情、欲望が湧き上がるのを経験する。これらが計算の過程なのだ。そしてこの計算の過程から生まれ出た結果も、感情として表現されるのである。突如強い欲望と勇気が湧いてきたヒヒは、胸を突き出し、深呼吸をし、筋肉を伸長し…そしてバナナめがけて一目散に走りだすのだ。あるいは、恐れという感覚をいだいたヒヒは、肩を落とし筋肉を弛緩させるだろう。ママ！　ライオンがいるよ、助けて！　時には、どちらの決心もつかず、困惑し、ためらうかもしれない。そうだ…そうでない…すべきだ…すべきでない…だめだ！　いったいどうしたらいいか分からない！

明らかにヒヒと牛といったように種が異なる動物の感情は違っており、それは人間とも違っている。人間には人間だけに特徴づけられる独特な情緒がある。例えば、恥はおそらくその一つであろう。（我々が知る限り）牛は恥の感情を持たない。おそらく人間以外の種にも、その動物特有の感情があるのだろうが、当然のことながら人間である我々には分かりえないことである。

しかし、全哺乳類に共通する基本的な情緒がある。おそらく、母と子の間に存在する愛というのは、哺乳類として持ち合わせる最も基本的な情緒だろう。事実、この情緒が哺乳類と呼ばれるいわれでもある。「mammal（哺乳類）」という言葉は、もともとラテン語の mamma に由来するのだが、これは乳房を意味する。あなたや私が哺乳類であると定義する情緒的システムは、母が自分の身体から乳を吸うことを許すほどに子供を愛するのと、子供が母の側にいて絆を持ちたいという強い欲望をいだくことなのだ。赤ん坊に無関心な母のもとに生まれた哺乳類の子は往々にして生きながらえない。逆に、希少突然変異などのせいで子に無関心な哺乳類の母は、長く心地の良い一生を送るかもしれないが、その遺伝子は次世代に受け継がれることはない。この論理は牛、犬、クジラ、ハリネズミであろうと皆同じように当てはまる。哺乳類の子供は母から世話をされないと生き延びられないので、他の情緒についても議論はできるが、母の愛と母と子の強い絆があらゆる哺乳類を特徴づけていることは明白である。

科学者たちがこの点に気がつくのにあまりにも長い時間がかかった。つい最近まで、心理学者たちも、人間のあいだでさえ母子の情緒的な絆の存在や重要性を疑問視していたのだ。二〇世紀前半は行動主義心理学が主流であった。行動主義心理学では、親子の関係は物質的フィードバックによって形作られ、子供が主に必要としているものは食べ物、医療、住居であり、こうした物質的必要性を親が満たすことで子供は親に愛着心をいだくと考えている。さらに思いやり、抱擁、キスを求める子供たちは、「甘やかされている」と考えられ、当時の育児専門家は、親に抱きしめられたりキスをされた子供たちは依存度が高く自己中心的で自尊心のない大人になると警告をした。

当時、子育てに関する分野で著名な専門家であったジョン・ワトソンは一九二八年に親たちにこう推奨している。「子供を決して抱擁したり、キスしたり、膝に乗せてはいけない。どうしても必要なら、寝る前に一度だけおやすみのキスを額にするのだ。そして朝、握手をすればよい。」一九二〇年代から一九三〇年代にかけてアメリカでよく売れていたインファント・ケア誌は、子育ての秘訣は規律を維持し、子供の物質的要求を定期的なスケジュールに沿って満たすようにと説明していた。一九二九年に刊行されたものの中には、赤ん坊が授乳の時間が近づいてお腹がすいて泣き出しても、「泣き止ませるために抱いたり、身体を揺すってなだめてはいけない。また決められた授乳の時間になるまで乳を吸わせてはいけない。生まれたばかりの赤ん坊であっても、泣かせることで傷つくことはない」という記事もあった。

こうした厳格な行動主義的アプローチに挑む人たちの中に、霊長類研究の権威でアメリカ人心理学者のハリー・ハーロウがいた。一九五〇年代と一九六〇年代にハーロウはアカゲザルを使って一連の実験を行った。ハーロウは生まれたばかりのアカゲザルの赤ん坊たちを母親から引き離しケージに隔離し、それぞれのケージの中に母親代わりの人形を入れた。母親の人形の一つは針金製で、赤ん坊が乳を吸えるよう哺乳瓶がつけられていた。別の母親の人形は、木にベルベットの布を巻き、まるで本物のアカゲザルの母親のように肌触りがよく仕立てられていたが、哺乳瓶はつけられていなかった。ハーロウは、行動心理学の基本的な考え方に沿って、赤ん坊はベルベット布の母親ではなく、ミルクを与えてくれる針金の母親を好むだろうと推測していた。

しかし驚くべきことに、赤ん坊はベルベット布の母親に愛着を示し、授乳をしない母にずっとしがみついていたのである。時々、乳をもらうために針金の母のところに行かせるのだが、食事が終わるとすぐさまにベルベット布の母のもとに帰るのだった。ハーロウは、赤ん坊はおそらく寒かったので、布製の母に暖かさを求めたのではないかと考えた。そこで、針金の母親の中に電球を入れ、ベルベット布の母親よりも暖かくなるように仕組んでみた。それでも状況は変わらなかったのである。ほとんどの赤ん坊は、電球入り針金とベルベット布の二種類の母親人形が隣同士に置かれていても、依然としてベルベット布の母親を慕いしがみついたのである。たとえ針金の母親からミルクをもらっていても、である。

ハーロウは、赤ん坊はベルベット布の母親に食べ物と暖かさを超える何かを求めており、その何かとは情緒的な絆であると結論づけた。何百万年にも及ぶ進化によって、サルには情緒的絆づくりに対する圧倒的な欲求が組み込まれたのである。それと同時に、金属的で硬いものよりも、柔らかくてフワフワしたもののほうが情緒的絆を形成しやすいという想定も刻み込まれたのである。だから人間の子供も、木のブロックや石、食卓用フォークといったものよりも、人形や毛布、布切れなどに愛着を示すのである。実験で使われたサルの赤ん坊たちは、情緒的絆への欲求が高かったがために、授乳してくれる針金の母親を捨て、置かれた環境下で唯一自分の欲求を満たしてくれそうに思えたベルベット布の母親に関心を示したのである。だが悲しいことに、ベルベット布の母親は赤ん坊の愛着に応えることは決してなかった。それゆえに、物質的な欲求は満たされていたにもかかわらず、このサルたちは数々の心理的問題を抱えて成長し、大人になると社会性に欠け、サル同士の仲間に入ることが出来ず、子孫を残すことも出来なかったのである。

その手法は残酷ではあったが、ハーロウの研究は、人間の情緒的な結びつきに対する理解に革命をもたらした。今日、理性ある通常の人は、赤ん坊には生まれたその瞬間から情緒的な欲求があり、心身ともに健康でいられるかどうかは食事、医療、住居と同様に精神的欲求を満たしてあげることにかかっているのを、当然と考えるであろう。この事実は当たり前のことだが人間の赤ん坊だけでなく、他の哺乳類にも当てはまる。そして結局、ハーロウの研究はヒトではなくサルで行われたのである。

二〇世紀初頭の育児専門家と同じように、農家たちは歴史をとおして牛、羊、馬などの物質的欲求にのみ応え、心的欲求は無視する傾向にあった（動物の情緒的欲求が人間にとって都合がよい場合を除いて）。例えば酪農業では、農業革命から今日に至るまで、哺乳類の世界の最も基本的な情緒的絆を絶ち、母牛から赤ん坊を引き離すことに基づいている。乳牛は子牛を産まない限り乳を出さないので、酪農家は母牛を何度も妊娠させ子牛を産ませる。しかし、生まれてきた子牛はすぐさまに母牛から引き離され、母牛の舌の感触を味わうこともなければ、体の温かさを感じることも乳を吸うことさえもないのである。ハリー・ハーロウが数百頭のアカゲザルの母親と赤ん坊にしたことを、酪農業界は何億もの動物たちにしているのだ。

今日、世界中の大型動物の九〇％以上が、牛、豚、羊、鶏といった家畜である。情緒、感覚、欲求や恐怖という豊かな感情世界を持つ数十億の動物たちが、工場式生産ラインで食肉、牛乳、卵などを作るために、マシンとしての一生を送っている。人間がこれらの家畜にもたらしている想像を絶する苦しみを認識し、その苦痛を減らすためにできる限りの努力をすることは私たち人間一人一人の責任である。

メラニー・ジョイのこの本は、動物福祉のための非常に重要で画期的な貢献である。いかにして世界規模の動物搾取システムが構築され、何がこのシステムを持続させ、いったいどのようにして何十億もの動物が耐えがたい苦痛にさらされる一方で、ほとんどの人間がそれに気づくこともなく、あるいは惨状を改善する必要性をまったく感じないでいられるのかを雄弁に語っている。本書は、私たち人間を「カーニズム」の檻から一歩外へ踏み出す手助けをし、それによって私たちは批判的に現実を見られるようになり、解決の一部となって、より慈悲深く持続可能な世界をつくることができるのだ。

第一章

愛玩用か食用か

「私達は物事をあるがままになんて見ていない。見たいように見ているだけ。」

アナイス・ニン

次に述べるような情景を、頭に少し思い浮かべてみてください。あなたは今、優雅な晩餐会に招待され、他の招待客たちとともに美しくセッティングされたディナーテーブルについています。部屋は暖かく、ロウソクの光がワイングラス越しにちかちかと揺れ、招待客同士の会話ははずんでいます。キッチンからは豪華な食事の美味しそうな香りが漂ってきます。あなたは今日まだ何も食べておらず、お腹がぐうぐう鳴り始めています。

待ちに待った瞬間がきました。ついに、晩餐会の主催者である友人が美味しそうな香りのする熱々のシチュー鍋を持ってやって来ました。肉、香辛料そして野菜の香りが部屋中に充満します。あなたはシチューをたっぷりと自分の皿に取り分け、柔らかい肉を堪能した後、友人に調理法を尋ねました。

「喜んで教えて差し上げるわ」と彼女は答えました。「まず二キロのゴールデンレトリーバーの肉によく下味をつけて、それから…」ゴールデンレトリーバー？　口の中にある肉は犬の肉だ、ということに、あなたはおそらく頬張りかけた肉の塊を口に含んだままぞっとして固まってしまうでしょう。

　さてこれからどうしますか？　そのまま食べ続けますか？　それとも、ゴールデンレトリーバーの肉が食卓に並び、それを食べてしまったことに不快感を覚えますか？　シチューの中から肉をすべて取り出し、残りの野菜だけを食べますか？　もしあなたが他のほとんどの人たちと同じだったら（特に西欧諸国では）、自分が食べている肉が犬の肉と分かった瞬間に、喜びという感情はあっという間に変化するでしょう。*　もしかしたらシチューの中の野菜でさえ、犬の肉汁が染みついているように思えて、食べたくなくなるかもしれません。

　でも友人が、今のは悪い冗談だったと言って笑い出したとしましょう。結局、肉はゴールデンレトリーバーではなく牛肉だったのです。それを聞いて今度は、目の前にあるシチューをあなたはどう捉えますか？　また食欲が湧きますか？　一口目で感じたのと同じくらいの喜びをもって、再びシチューを口に運びますか？　あなたと友人とのやり取りの

*犬肉に拒絶反応を示すのではなく食欲をそそられる人もいますが、それは世界中を見渡してもみても少数派です。ここに挙げた情景は、犬肉消費が社会的通念となっていない文化における人々の一般的な経験を描写したものです。

間もそのシチュー自体にはなんら変化が起こったのではないことが頭では分かっていても、気持ちの上で何とも言えない不快感を覚えるきっかけになりました。そしてその感情は尾を引き、今後ビーフシチューを目にするたびに、あの時の不快感が沸き起こるかもしれません。

この現象はいったいどういうことでしょうか？　ある食物がそのような感情的な反応を起こさせる原因はなんなのでしょう？　同じ食物が分類が違うだけで私たちの口にとても合うものからまったく食用に適さないものに変わるのはどういうわけでしょう？　シチューの主材料である肉自体はまったく変わっていません。最初から何かしらの動物の肉でしたし、今でもそれは変わりません。ただ単に、その概念が一瞬で違う動物の肉となっただけです。私たちは牛肉と犬の肉に対して、なぜそのようにまったく異なる態度を示すのでしょうか？

その答えは認知です。私たちはそれぞれの種類の肉に対して、それらの肉が物質的に違うからではなく、それぞれの肉への認知が異なるために異なる反応をするのです。

犬を食することの問題

このような認知の転換は、二車線の道路で車線変更をした時のような感じです。中央線を越えたとたんに私たちの経験が変わります。認知を変えることで起こるこの強烈な反応の理由は、認知が多くの場合現実を決定するからです。つまり私たちがある状況―私たちが形成する意味―をどのように認知するかによって、それについてどう考えどう感じるかが決まるのです。同様に、私たちの思考や感情はしばしば、私たちの行動を決定します。ほとんどの人は、犬の肉を牛肉とはまったく違うものとして捉えるでしょう。ですから、犬の肉に対して人はまったく別の精神的、情緒的そして行動的反応*を示すのです。

犬の肉と牛肉に対する認知がこんなにも違う理由の一つは、私たちが牛**を犬とはまったく別の生き物とみるからです。人間が牛と接する唯一ともいえる機会は、それらを食べる（あるいは身に着ける）時です。しかし多くの人にとって、犬との関係は人間同士のそれとそれほど変わらず、彼らを名前で呼びます。外出する時には声をかけ、帰宅すれば挨拶をします。ベッドで一緒にも寝るし、共に遊んで時間を過ごします。犬にプレゼントを買い、

＊世界中の様々な文化において、人々がある特定の種の動物の肉を忌避するのはよくあることです。そして宗教的に見て野菜や果物といった食物よりも肉を食べることをタブーとすることがより一般的に起こります。[1] さらに言うと、肉食のタブーを侵害することは、感情的に最も激しい反応を呼び起こします。通常それは嫌悪感という形で表れますが、そこには最も厳しい制裁が伴います。[2] 例えば、宗教が定める食物禁忌です。キリスト教徒が断食期間に肉を避けるといったように一時的な場合でも、仏教徒の一部が生涯菜食主義を貫くといったように永続的な場合でも、殆ど必ず食餌制限として肉食を禁じています。

＊＊牛肉製品は乳牛からも去勢牛からも作られますが、簡略化するためにこの章では全ての牛属の動物を「牛」と記します。

お財布の中には犬の写真まで入っています。病気になれば獣医に連れてゆき、治療に何十万円も出すかもしれません。そして犬が亡くなったら土に埋めるのです。犬は私たちを笑わせ、そして泣かせもします。人間の助力者であり、友人であり、そして家族です。私たちが犬を愛し牛を食べるのは、犬と牛が根本的に異質な生き物だからではなく――牛も犬と同様に感情、好みそして意識を持っています――、彼らに対する私たちの認知が違うからです。そしてまたそれぞれの肉に対する私たちの認知も異なっています。

食肉・非食肉の認知は、何の動物に由来するかによってだけ変わるのではなく、同じ肉に対しても変わります。例えば、ヒンズー教の人は牛肉に対して、キリスト教徒のアメリカ人が犬の肉を見て起こすような反応を示します。認知の仕方にいろいろなバリエーションがあるのは、スキーマによるものです。スキーマとは私たちの信念、思考、知覚、そして経験を形作る「あるいはそれによって形作られる」心理的な枠組みで、自動的に入ってくる情報を形づくり解釈します。

例えば、「看護師」という言葉を聞くと、あなたはおそらく白衣の看護服を身にまとって病院で働く女性を心に思い浮かべるでしょう。看護師の中には男性で、典型的な看護服は身につけず、病院外で働いている人もたくさんいますが、もしあなたが、いろいろな場面で活躍する看護師にあまり出会う機会がなければ、自分の中にあるスキーマが一般概念化された看護師のイメージを持ち続けるのです。概念化とは、スキーマがするであろうと思われていること—つまり私たちが常にさらされている膨大な刺激を仕分け、解釈し、一般的なカテゴリーに嵌め込むこと—を行った結果なのです。スキーマがしていることが精神的な分類システムなのです。

動物を含むどのような対象にもスキーマが働きます。例えば動物は、獲物、捕食者、害獣、ペット、そして食用などに分類されます。同様に、人間がある動物をどのように分類するかは、人間とその動物との関係性によって決まります。狩りをする対象なのか、逃げるべき相手なのか、根絶するべきか、愛玩目的か、あるいは食用としてなのか。ある動物が、獲物であると同時に食用であるというように二つの分類が重なることもありますが、肉、卵、乳製品*に関して言えば、ほとんどの動物は食用か非食用かのどちらかです。言い換えると、ここには動物を食用か非食用**かに分類するスキーマが働いているということです。

そして私たちが非食用と分類した動物の肉、卵、乳製品を目の前にする時にある興味深いことが起こります。無意識にその肉が生きている動物として描写され、それを食すると

*例えば、西洋人のほとんどが何故カラスの卵を食べたり、猫の乳を飲んだりしないか考えてみて下さい。
**スキーマは階層的構造ともなり、サブスキーマとしてもっと入り組んだ或いは一般的スキーマに組み込まれていることもあります。人間は動物に対して一般的なスキーマを持っていて、その一般的スキーマの中に食用か非食用かというサブスキーマを構築しています。そしてこのサブスキーマは次に、食用であれば狩猟動物、愛玩動物、家畜動物のように更なるサブスキーマに振り分けられます。

いう観念に対して嫌悪感を覚える傾向にあるのです。この認知過程は次のような順序で起こります。

ゴールデンレトリーバーの肉（刺激）→非食用の動物（信念／認知）→
生きている犬のイメージ（思考）→嫌悪感（感情）→
肉を食することへの拒絶あるいは躊躇（行動）

では、先ほどの想像上の晩餐会で、あなたが今食べているのはゴールデンレトリーバーですよと言われている場面に話を戻しましょう。そのような状況に実際におかれたら、シチューの香りも風味もまったく同じなのに、ボールを追いかけて庭を駆け回ったり、暖炉の横で丸くなって寝たり、ジョギングをしている人の横にくっついて走っているゴールデンレトリーバーのイメージがおそらく心に浮かんでくると思います。そして、そのようなイメージとともに、殺された犬への共感や関心といった情緒が浮かび、その動物を食べるという考えに対する嫌悪感が沸き起こるのです。

それに対して、あなたも他の人たちも、牛肉を食べようと着席した際、目の前にある肉がもともとは生きている動物であったことは特に考えません。代わりにただ「食物」としてそれを見、その風味や香り、歯ごたえに意識を集中するのです。牛肉を見ても、肉と生きている動物を心の中で関連づける認知過程は省かれます。もちろん牛肉が動物由来であることを私たちは知っていますが、この事実を考えないようにする傾向があるのです。私は、仕事やプライベートで知り合った実に何千人もの人に尋ねたのですが、牛肉を食べている時に生きている牛のことを考えたら気持ちが落ち着かなくなるし、時には食べられなくなってしまうと言う人もいました。ですから、多くの人は動物の形を残した肉を食べるのを避けようとしますし、頭や手足と分かる形で肉が食卓に出されるのは稀です。これに関して、デンマークの研究者がある興味深い調査を行いました。人は動物の形に近い肉を食する時に心地悪さを覚え、肉の塊よりもひき肉を好んで食べるということが分かりました。[3] それでも、牛肉と生きている牛の関連性を意識したとしても、(多くの国では文化的に犬を食物として認識していないので)ゴールデンレトリーバーを食べると考えるよりはまだ不快感は少ないでしょう。

動物にどのような感情を持ち、彼らをどう扱うかというのは、動物の種というよりもその動物に対する私たちの認知によるものだということが分かりました。私たちは牛を食べるのは適切で、犬は適切でないと信じており、牛は食用で犬は非食用と認知しているので、それに基づいて行動しているのです。そしてこの過程は循環します。私たちの信念が最終的に行動に結びついているだけではなく、私たちの行動は信念を強固にしているのです。犬を食べずに牛を食べれば食べるほど、犬は非食用で牛は食用であるという信念が確固たるものになるのです。

後天的に身につけた嗜好

人間が生来甘味を好み（砂糖はカロリーの元となる）、苦みと酸味（これらの風味はしばしば毒性があることを示唆する）を避ける傾向にある一方で、私たちの味の好みのほとんどは実は作り上げられたものなのです。言い換えると、広範囲にわたる人間の味覚のレパートリーの中でも、私たちは好むべきであると学習した食物を好むということです。特に動物由来の食物はとてもシンボル化されていて、このシンボル（象徴）主義が伝統と結びつき強固にされ、私たちの食物の好みに大きな影響を与えています。例えば、キャビアを好んで食べるのは洗練されていて上品なことだと理解できるくらいの年齢になると、人はキャビアを食べることを楽しめます。中国で動物のペニスを食べるのは、人々がそれが性機能に効果があると信じているからです。

味覚は文化から多大な影響を受けるという事実があるにもかかわらず、世界中の人々は自分たちの好みが合理的で、それ以外のものは不快で気味悪いと感じる傾向にあります。例えば、牛の乳から搾った牛乳に嫌悪感をいだく人も多くいますし、ベーコンやハム、牛肉、鶏肉を食べるなんて考えられないという人もいます。そして、卵を食べることは胎児を食べることと同じだと思う人もいます（ある意味それは正しいのですが）。カンボジアにはタランチュラ（毛も牙もすべて）のから揚げが、アイスランドには酢漬けの羊の睾丸のパテがありますが、それを自分が食べるのを想像するとどう感じますか？　アジアにはアヒルの胎児—羽毛、骨、できかけの翼など体の形成初期にある卵—を食べる地域もあります。動物由来の食物に関しては、これらすべての例は後天的に身につけた嗜好と言えるのではないでしょうか。[4]

失われた繋がり

犬をはじめとして非食用動物を食べることに対する私たちの反応は実に奇妙な現象です。しかしそれよりも、牛など食用動物を食べることに対して何も反応をしないことの方がもっと奇妙です。食用動物となると私たちの認知過程の中で肉*とその源である動物とを関

*卵と乳製品に関しては、それらを生産する動物との関連性に人はあまり不快感を覚えない傾向にありますが、例えばカナリアや象といった非食用動物の卵や乳製品であれば、嫌悪感を覚えるようですし、恐らくその生産過程も間近かで目撃すれば大変気分を害することでしょう。

連させられないという、溝、つまり失われた繋がりがあるのです。何万種類もの動物の中でおそらくほんの一握りの種以外のすべての動物を食べることに不快感を覚えることに対して、あなたは今まで不思議に思ったことはありませんか？　食用か非食用かの選択において嫌悪するのではなく嫌悪しない動物があるということが非常に衝撃的です。なぜ私たちは、人間が食用[5]だと思っているごく少数の限られた動物たちを食べることを嫌だと思わないのでしょうか？

嫌悪の欠如について、かなりの部分が学習によることを示す強力な証拠があります。生まれたばかりの赤ん坊はまだスキーマを持っていませんが、成長と共に構成されていきます。スキーマは高度に構築された信念のシステムを発展させます。そのシステムはどの動物が食用であるかを規定し、人間がそれらの動物を情緒的、心理的に不快になることなく食べられるようにしています。このシステムが感じない方法を教えるのです。私たちが失う最も明白な感情は嫌悪感ですが、嫌悪感の根底には人間にとってより不可欠と言える情緒が存在します。それが共感です。

共感から無関心へ

なぜこのシステムは、共感を妨げなければいけないのでしょうか？　どうして離れ技的な心理操作を行わなければいけないのでしょうか？　答えは簡単です。私たちは動物を思いやる気持ちを持っていて、彼らが苦しむ姿を見るのは辛いけれども、動物の肉は食べるからです。私たちの価値観と振る舞いが一致しておらず、まさにこの不一致がある種の不快感を引き起こしているのです。その不快感を解消するには三つの選択肢があります。一つ目は価値観を振る舞いに合うように変えること、二つ目は振る舞いを価値観に合うように変えること、三つ目は価値観に合うように振る舞いに対する認知を変えることです。肉、卵、乳製品をめぐるスキーマを形成するのは、この三つ目の選択肢あたりです。不必要に動物が苦しんでいることを理解しながら動物を食べるのを私たちがやめない限り、スキーマは動物とその身体から生み出された食物に対する私たちの認知をゆがめ、動物たちを心地よく消費できるようにするでしょう。私たちのスキーマを構成するシステムがそうすることによって私たちに意味づけするのです。

このシステムの主要な方法は精神的麻痺です。精神的麻痺とは自分自身を「麻痺させる」ことで、自分が経験したことと自分を精神的、情緒的に切り離すことによる心理的過程です。精神的麻痺自体は道徳的に悪いものではありません。暴力的で予測不可能な世界で生き、暴力の犠牲になった場合、それと共存していくことができるようにするために備った、ありふれて避けがたいものです。例えば、高速道路であなたは小さな乗用車に乗っていて、自分は減速しているけれどまわりを猛スピードで走る車に囲まれているという状況にあったら、その状況を完全に把握していたとしても、まわりに追い詰められていると感じるでしょう。そして不幸なことに衝突事故に巻き込まれてしまったら、大きなショックを受け、実際に起こった現実に心理的に向き合えるようになるまで、その精神状態が続くでしょう。精神的麻痺というのは、受けた暴力に対処する助けになる時は利用すべきですし、有益です。しかし暴力を許容するために使われれば、たとえその度合いが動物たちが食肉に加工される工場の暴力に遠く及ばないとしても、利用すべきではないですし、破壊的です。

精神的麻痺は、防衛機制の仕組みが複雑に絡み合って成り立っています。その機制は社会に広く行きわたり強力で目に見えず、そして社会的にも心理的にも影響を及ぼします。これらの機制は認知をゆがめ、感情を失わせ、共感を無関心に変えるのです。実際、本書で焦点を当てているのは、感じないことを身につけていく過程についてなのです。精神的麻痺を起こす防衛機制には、否認、逃避、常套化、正当化、モノ化、非個体化、二分化、合理化、そして解離といったものが含まれます。後述の章では精神的麻痺のこれらそれぞれの特性について検証し、動物を食物に変えるシステムを脱構築します。それによりこのシステムを特徴づけ私たちがどのようにこの体制を支え続けているのかを検証していきます。

文化と歴史に見る麻痺：このテーマのバリエーション

違う文化や時代の人々も動物を殺して食べるために精神的麻痺の手法を使うのか、という質問を私はよく受けます。例えば、部族の狩人たちは獲物を仕留める時、みずからを麻痺させているのか？　産業革命以前、人々は肉を手に入れるために、動物たちと情緒的な距離をとる必要があったのか？

すべての文化圏のあらゆる時代の人々が、産業化された社会に生き、肉がなければ生きていけないわけではない現代の私たちと、同じ精神的麻痺に頼ったかどうかについて議論するのは不可能です。多くの場合、その人のおかれている状況によって動物を食べることへの反応が変わります。一個人の価値観は広範囲にわたる社会と文化の構造に大きく影響を受けますが、その価値観が動物を食べるという現実から距離をおくのに、どれくらい精神的な努力が必要かを決定します。生存のために肉が必要な社会では、自分たちの選択に対して倫理的側面を反映させる余裕はなかったことでしょう。つまり、価値観は肉食を支持しなければならないし、彼らも肉を食べて心を痛めるようなことはなかったでしょう。また、どのように動物が殺されるかということも、私たちの心理的な反応に影響します。残酷な行為は殺すことそのものよりも、しばしば人の心を乱します。

　しかし、生存するために肉食が必須であり、また動物が今日の屠殺場で行われている不必要な暴力なしで殺されたとしても、人々は常にある種の動物を食べることを避け、必要以上に屠殺しないよう努めてきました。動物を消費する人の良心をやわらげる儀式、慣習的行為や信念のシステムの例があります。肉屋や肉食する人は命を奪ったあとで儀礼をするかもしれませんし、浄化の儀式を行っているかもしれません。動物は人間の消費のための「犠牲」とみなされ、肉の消費に霊的な意味合いを持たせたり、あるいは犠牲となる動物自らの選択であると捉えているのかもしれません。さらに紀元前六〇〇年に遡ると、肉食に関して長年にわたって心理的、道徳的観点から意見の違いが論じられ、倫理的理由から肉の消費を意図的に避ける人もいました。精神的麻痺が、その度合いや形態は違ったかもしれませんが、文化や歴史を超えて大きな役割を果たしてきたと言うことはできるでしょう。[6]

　このシステムの主なる防衛機制は見えなくすること＝不可視性です。不可視性は逃避や否認といった防衛を反映し、機制が成り立つためのすべての基礎となっています。例えば、不可視性は、私たちが動物の姿を心に思い浮かべなくても牛肉を食べられるようにします。

自分自身の中で湧き上がる考えを覆い隠してしまうのです。不可視性はまた、動物が育てられ殺され食物になるまでの不愉快な過程から隔絶して私たちを守ります。ですから、肉食を脱構築する第一段階は、システムの不可視性を脱構築することであり、発祥から隠し続けられてきたシステムの原理と実践を暴き出すことにあるのです。

第二章

肉食主義《カーニズム》

「そういうことになっているから…」

「見えないのと、存在しないのは、よく似ている。」

デロス・マッコウン

「私の言語の限界が私の世界の限界を意味する。」

ルードヴィヒ・ヴィトゲンシュタイン

第一章ではある思考実験をしました。あなたが晩餐会に招待され、美味しいシチューを食べている時に、晩餐会の主催者である友人がそのシチューには犬の肉が入っているのですと言う場面でした。そして犬の肉と聞いた時と、犬の肉というのは冗談で本当は牛肉だという事実を知った時のそれぞれの反応を検証しました。

ここでもう一つ別の思考実験をしてみましょう。まず、犬を思い描いた時に浮かぶすべての言葉を自己検閲せずに考えてみてください。次に、今度は豚を想像して同じことをしてください。そしてひと息おいて、この二種類の動物に対するイメージを比べてみるのです。どのようなことに気がつきますか？　犬のことを考えた時「可愛い」とか「忠実」という言葉が思い浮かびましたか？　豚の時は「泥だらけ」「汗っかき」そして「汚い」でしょうか？　もしこれらのものと似た答えが出てきたとしたら、あなたは多数派の一人です。

以前私は大学で心理学と社会学を教えていましたが、人間の動物に対する姿勢について学期ごとに一度は、授業で取り扱いました。何年もの間、文字どおり何千人もの学生達を教えてきましたが、この思考実験をする時、学生達とのやり取りはいつも同じパターンが繰り広げられ、彼らからは似通った反応が返ってくるのでした。

私はたった今あなたに尋ねたように、学生たちにまず犬、次に豚の特徴を箇条書きにさせ、彼らが作ったリストをありのままに黒板に書き写しました。犬に関しては、すでに述べたもの以外に「人なつっこい」「賢い」「楽しい」「愛らしい」「守ってくれる」、稀に「危険」ともありましたが、ごく普通の形容詞が並びました。豚に関しては、予想どおり褒め言葉はもっと少なく、「馬鹿」「怠け者」「デブ」「醜い」はもとより「汗臭い」「汚い」という結果でした。次に、学生たちには犬と豚に対してどのような感情を持っているかを説明してもらいました。一般的に犬には少なくとも好感を持っていて、中には愛していると言う学生もいましたが、豚に対しての「気持ち悪い」という彼らの回答は特に驚くべきことではありませんでした。最後に犬、豚と自分たちとの関係性を尋ねました。もちろん、犬は友だちあるいは家族の一員で、豚は食物とのことでした。

この時点までくると、学生たちはこの会話がこの先どうなっていくのか不思議に思って困惑した表情を見せ始めます。そして、私はこれまでに出てきた彼らの発言に応えるべく一連の質問を投げかけます。その対話は次のように進みます。


では、なぜ豚が怠け者だと思うのですか?

――豚は一日中寝っ転がっているだけだから。

野生の豚もそうしていますか、それとも食肉用に飼育されている豚だけかしら?

――それは分からないです。多分、養豚場の豚がそうなのだと思います。

あなたはなぜ、養豚場の、あるいはもう少し詳しく言うならば工場式家畜飼育場の豚が、寝っ転がっているだけだと思うのですか?

――多分、囲いとか檻の中にいるから。


なぜ豚は馬鹿なのですか?

――そういう生き物だから。

実際は、豚は犬よりも賢いと考えられているのですよ。

(中には、豚について知っているとか、知人が豚をペットとして飼っているなどとエピソードを交えながら主張し、私の発言に同意してくれる学生もいました。)

なぜ、豚は汗っかきだと思うのですか？

――（無回答）

実際は、豚には汗腺さえないということを知っていましたか？

ありとあらゆる豚が醜いのですか？

――はい。

子豚は？

――子豚は可愛いです。でも成長した豚はみなデブだ。

なぜ、豚は汚いと思うのですか？

――泥遊びをするから。

豚が泥遊びをする理由は知っていますか？

――豚は汚い事が好きだから。あいつらは不潔だ。

実際には、豚は汗をかくことができないから、暑い時には体温を下げるために泥んこになるのですよ。

犬は汚いですか？

――そうですね、時々。犬も最低！って思うことをすることがあります。

ではなぜ、あなたは犬のリストに「汚い」と書かなかったのですか？

――犬はいつも汚いわけじゃないから。汚いのはすごく稀だし。

豚はいつも汚いのかしら？

――はい。豚はいつも汚いです。

どうやってそれを知ることができます？

――豚はいつも汚く見えるから。

いつ見ました？

――分からないです。写真だったと思う。

写真では豚はいつも汚いということ？

――いや、いつもじゃないけど。豚はいつも汚いわけではないです。

あなたは、犬は忠誠心があって、賢くて、可愛いと言いましたね。なぜそう思うのですか？　どうやってそれが分かるのですか？

――そういう犬を見たことがあります。

――犬を飼ったことがあります。

――たくさんの犬と出会ったことがあります。

（ここでいつも特別に英雄的で、賢くて、かわいらしい犬の話を披露する学生が必ず何人か出てきます。）

犬の感覚についてはどうかしら？　どうしたら犬が感情を持っていることが分かりますか？

――私の犬は、私が元気のない時に一緒に落ち込んでくれると誓って言えます。

――私の犬は、悪い事をしたと自分で分かった時はいつもベッドの下に隠れて、申し訳なさそうな顔をします。

――動物病院に連れて行く時はいつも震えています。すごく怖がります。

――うちの犬はよく、休暇旅行に行く準備でスーツケースの用意をしていると、餌を食べなくなり、鳴いていました。

ここにいる人たちの中で、犬は感情を持たないかもしれないと思う人はいますか？

――（誰も手を挙げない。）

豚はどうでしょう？　豚は感情を持っていると思いますか？

――もちろん。

犬と同じような感情を豚も持っていると思いますか？

――ありえますね。はい、多分そうだと思います。

実は、たいていの人は知らずにいますが、豚はとても繊細な動物で、監禁状態にあると自傷行為などストレス性の問題行動を起こします。

豚は痛みを感じると思いますか？

――もちろん。すべての動物が痛みを感じます。


では、なぜ私たちは豚を食べるけれど犬を食べないのかしら？

――ベーコンは美味しいから。（笑）

――犬には個性があるから。個性がある生き物を食べることなんてできません。名前だってついてるし、犬は一個体と言えます。

豚は個性を持っていると思いますか？　豚も犬のように一個体でしょうか？

――そうですね。もし豚のことをよく知るようになったら、個性が見えてくると思います。


豚を実際に見たことがありますか？

（例外的な学生を除いて大多数は見たことがない。）

では、どのようにして豚に関するイメージができあがったのでしょうか?

——本から。

——テレビで見た。

——広告。

——映画。

——分からないけど、日常生活からだと思う。

もし豚が、汗っかきでも、怠け者でも、食いしん坊でもなくて、賢くて、繊細な個性のある動物だとしたら、あなたは豚のことをどう思いますか?

もし、犬と同じように豚のことも直接知ることができたら?

——豚を食べることを異様に感じます。多分罪悪感のようなものを覚えるでしょう。だとしたら、なぜ豚は食べるけれど犬は食べないのかしら?

——豚は食用として飼育されるからです。

どうして豚を食用として飼育するのでしょう?

——わかりません。そんなこと考えたこともありません。たぶん、そういうことになっているからだと思います。

そういうことになっているから。この発言について少し考えてみましょう、いいえ、真剣に考察してみましょう。私たちはどうやら、そういうことになっているという理由だけで、ある種の動物を肉屋に送り、別の種の動物には愛情を注ぎ優しく接しているようです。人間の動物に対する態度と行動が矛盾していて、その矛盾が考察の対象にもならない場合に、不条理が育まれてきたと言っても過言ではありません。私たちがなぜそうするのかも分からずに、豚を食べ犬を可愛がるのはおかしな話です。多くの人はドラッグストアでどの歯磨き粉を買おうか時間をかけてよく考えたりします。しかしほとんどの人は、どの種の動物を食し、そしてなぜそうするのかを考えることに時間を割いたりはしません。消費者としての私たちの選択が、アメリカ一国だけで年に一一〇億*もの動物たちを殺す産業を成り立たせているのに、です。この産業を支える選択をし、その理由についてはせいぜいが「そういうことになっているから」というだけなら、何かが間違っているのは明白です。人々は慎重に、また批判的に考えることをやめ、さらにそうしていることにさえ気がついていません。いったい、何が人間社会全体をそのように仕向けているのでしょうか？ これはかなり複雑な問いかけですが答えはとても簡単です。それは、カーニズム（肉食主義）なのです。

カーニズム

ベジタリアンがどのような人かというのはよく知られています、そう、肉を食べない人のことです。また今日、多くの人がヴィーガンとは動物性食品を一切口にしない完全菜食主義者であることも知っているでしょう。ヴィーガン（あるいはベジタリアン。本書ではヴィーガニズムに焦点を当てますが、その理由は後ほど明確になります。）になることを選ぶ人の中には健康のためという人もいるかもしれませんが、多くの場合は動物を食するのを非倫理的だと思い、肉を食べるのを止めるのです。ほとんどの人たちは、完全菜食主義は個人の倫理的志向の表れだと意識しています。ですから、ヴィーガンが肉を食べないという事実以外まわりの人たちとまったく同じだとは、私たちは単純には考えません。彼らは人間のためだけに動物を殺すのは非倫理的だという深い信念によって肉を食さないという選択に至った、確固たる哲学的見解を持っている人だと捉えます。完全菜食主義は単に食の志向ではなく、生き方そのものを示していると考えます。映画でヴィーガン役の人は、ただ単に肉、卵、乳製品を避ける人ではなく、動物好きであるとか慣例にとらわれない価値

＊この数字には、アメリカで殺される年単位で何十億もの水生動物は含まれていません。[7]

観の持ち主であるといった、ヴィーガンと関連づけられるようなある種の資質を持ち合わせて描かれているのは、その良い例です。

　では、動物を食べるのは非倫理的だと考える人をヴィーガンと呼ぶなら、動物を食べるのは倫理的だと信じる人を何と呼べばよいのでしょうか？　もしヴィーガンが肉を食べないことを選ぶ人であるなら、肉を食べることを選ぶ人はいったい誰なのでしょうか？

　ヴィーガンあるいはベジタリアンでない人のことを描写するのに「肉食する人」という言葉が使われることがあります。しかしこの言葉は正確でしょうか？　前述の通りヴィーガンはただ単に「草食する人」ではありません。植物を食べることは、ある信念システムに基づく行動だからです。「ヴィーガン」という言葉も「ベジタリアン」という言葉も中核となる信念システムが機能していることを反映していることは明らかです。「〜リアン」という接尾語は（ヴィーガンではVeganのanの部分）、ある教義や一連の主義を擁護、支持、そして実践する人のことを意味します。

　それとは反対に「肉食する人」という言葉は、個人的な信念や価値観から分離したかのように、肉を消費するという慣習のみを浮き立たせています。それは、肉を食べる人が信念のシステムから外れて行動していることを示唆するのです。しかし、肉を食べることは本当に信念のシステムから独立した振る舞いなのでしょうか？　私たちは動物を食べることに関して信念のシステムがないから、豚は食べるけれど犬は食べないのでしょうか？

産業化の進んだ多くの国では、食べなくてはならないから動物を食べるのではなく、みずから選択をして（食べたいから）食べるのです。生き延びるためとか、健康のためですらないのです。何百万人もの健康で長生きをしているヴィーガンたちがそれを証明しています。私たちが動物を食べるのは、ただ単にいつもそのようにしているからとか、美味しいと感じるからです。ほとんどの人は、そういうことになっているから、という理由だけで肉を食べているのです。

完全菜食主義は動物、世界、そして人間に関する一連の想定に基づいた選択肢の一つだと考えますが、肉を食べることはそれとは違うと考えます。肉食は既定の事実であって、「自然に」行うこと、これまでもそしてこれからも当然のように行われることとして私たちは捉えています。自分たちが何をしているのかを考えもせずに動物を食べますが、それは、この振る舞いの根底にある信念のシステムが目に見えないからです。そしてこの目に見えない信念のシステムのことを私は「カーニズム」と呼ぶのです。

カーニズムは、人間に特定の種の動物を食べることを条件づける信念のシステムです。動物を食べる生き物を肉食動物と考えることがあります。しかし肉食動物とは定義によると、生存のために肉に頼らざるをえない動物のことを指します。また動物を消費する生き物は単なる雑食動物ではありません。人類でも非人類でも雑食動物というのは、生理学的に植物も動物も消化することができる生き物のことです。「肉食動物」も「雑食動物」も、その種の生物学上の身体の構造を表す言葉で、哲学的な選択を言い表しているのではありません。今日、世界中のあらゆるところで人々は、必要だからではなく、信念に基づく選択肢の一つとして自ら選び肉を食べているのです。

カーニズムの不可視性は、実際には人間が選択をしているにもかかわらず、まるでそうではないかのように見える理由を説明づけます。そもそもなぜ、カーニズムは見えないままなのでしょうか？　どうして、これまで名づけられなかったのでしょうか？　これには納得のいく理由があります。カーニズムは特殊なタイプの信念のシステム、つまりイデオロギーであり、またそのイデオロギーが精査に対してとりわけ抵抗的で他に類を見ないタイプだからです。では次に、これらのカーニズムの特徴を順に掘り下げていきましょう。

「問題が目に見えない時（…）そこには倫理的不可視性が存在する。」

キャロル・J・アダムス

カーニズム、イデオロギー、そして現状

イデオロギーとは、共有される一連の信念であると同時にそれらの信念を反映した実践

のことです。例として挙げるとフェミニズムはイデオロギーです。フェミニストとは、女性は男性と同等にみなされ、そのように待遇されるに値すると信じる人たちのことを言います。男性が支配的な社会集団―社会の中で権力を握る集団―を形成するので、フェミニストたちはあらゆる場面、つまり家庭でも政治的局面においても男性支配にいどみます。このようにフェミニストのイデオロギーはその信念と実践の基盤を形作ります。

完全菜食主義が単に動物を食べないことではないのを理解するのが容易であったように、フェミニズムをイデオロギーとして認識するのは割と簡単です。「フェミニスト」と「ヴィーガン」のどちらも、ある種の信念を持った他の人たちとは少し違う人物像を思い浮かべさせます。

では、ここでいう「他の人たち」とはどのような人たちのことでしょうか？　多数派で、主流であるすべての「普通」の人たちでしょうか？　その人たちの信念とはいったいどこからくるのでしょうか？

私たちは、主流となっている生活スタイルは普遍的価値を反映したものと捉える傾向にあります。しかし、私たちが普通とみなすものは、実際は多数派に支持される信念と行動にほかならないのです。例えば科学革命以前、ヨーロッパの主流派は天体が地球のまわりを回っており、地球が宇宙の中心だと信じていました。この説は、根深く信仰されていたので、コペルニクスや後にガリレオが異説を唱えた際、彼らにとっては死の危険さえありました。ですから、あることが主流だということは単に、世間一般に広く行きわたり、社会の中に定着しているイデオロギーを別の表し方をしたに過ぎず、その仮説と実践が常識とみなされている、ということです。それが一つの見解ではなく事実として捉えられ、選択の余地はなく一方的に与えられる慣習に過ぎないのです。それが常識であり、物事はそのように成り立っているのです。そしてこれこそが、カーニズムがこれまで名づけられもしなかった理由なのです。

あるイデオロギーの見方が世間で確固たる立場を築くと、基本的に目に見えないものとなります。不可視化したイデオロギーの一例として家父長制が挙げられます。男性らしさが女性らしさよりも価値があるものとされ、それによって男性が女性よりも社会的な権力を握るイデオロギーです。例えば次に挙げるどの素質を持ち合わせた人が、社会的にも経済的にも成功する可能性が高いかを考えてみて下さい。積極性、消極的、競争力、共有性、支配力、権威、力、合理性、情緒性、独立性、依存性、養護性、敏感性などです。おそらく、あなたは男性的な資質を選び、その選択が家父長制価値を反映していることには気がつかないでしょう。ほとんどの人は家父長制を、私たちの考え方や行動を特定の方向に導くイデオロギーとはみなさないのです。性別にかかわらず私たちは皆、理性的であり情緒的にならないのがより良いことであると受け止めています。本当はこのどちらも人間の幸福と健康にとって必要な資質なのに、です。

家父長制は、フェミニストたちがこのイデオロギーをそう名づける何千年も前から存在していました。カーニズムも同じです。面白い事に、菜食主義というイデオロギーは二五〇〇年以上も前に名づけられました。その当時、肉を食べない人たちのことを「ピュタゴリアン」と呼んでいたのですが、それは彼らが古代ギリシャの哲学者であり数学者であったピタゴラスが提唱した食の哲学に従ったからです。そして一九世紀に入り、「ベジタリアン（菜食主義者）」という造語が生まれ、一九四四年には「ヴィーガン（完全菜食主義者）」という言葉が作られました。しかし動物を食べない人たちの呼称ができてから何世紀もたってやっと今、動物を食べるイデオロギーに呼び名がつけられたのです。

ある意味、ベジタリアニズム（菜食主義）やヴィーガニズム（完全菜食主義）がカーニズム（肉食主義）に先立って名づけられたことは理に適っています。主流から外れるイデオロギーを認識するのは簡単だからです。しかしそれだけではなく、ベジタリアニズムやヴィーガニズムが名づけられてきた一方で、カーニズムが名づけられなかった背景には、別のもっと重要な理由があるのです。世の中に浸透し確立したイデオロギーがその状態を保ち続ける基本的な方法は、不可視化し続けることだからです。そして、不可視性を保ち続けるためには、ひたすら名づけないことなのです。名称さえなければ、イデオロギーは語られることもありませんし、語られなければ疑問を持たれることもないのです。

「名前がないもの、イメージとして描かれないもの（…）別ものとして間違って名づけられたもの、手に入れにくいもの、不適当あるいは嘘の言葉によって意味が崩壊し記憶のかなたに葬られたものはなんでも、単に口に出さないだけでなく、口に出せなくなるでしょう。」

アドリエンヌ・リッチ

カーニズム、イデオロギー、そして暴力

存在しているのかさえ分からないイデオロギーに疑問を持つことは、不可能でないにしても困難ではありますし、そのイデオロギーを積極的に隠そうとする力がそこに働くと、それはことさらに難しくなります。カーニズムといったようなイデオロギーには、まさにこうしたことが起こっているのです。カーニズムは暴力のイデオロギーです。もし動物の殺傷を止めるなど、そのシステムから暴力を取り除くと、システム自体が存在しなくなるのです。（暴力のイデオロギーの別名は抑圧のシステムです。）

現代のカーニズムは広範囲にわたる暴力を伴います。今日の畜産業が現在の利ざやを維持するためには、それに足りるだけの動物を屠殺せねばならず、そのためには現状行われ

ているレベルの暴力が必要なのです。カーニズムの暴力性はほとんどの人にとっては目をそむけたくなる程の残酷さで、目撃してしまった人はひどく取り乱してもおかしくないくらいです。私の授業では、畜産農業に関する動画を見せる時は、その映像が学生たちにとって心理的苦痛となることは避けようがないので、心理的環境が十分に安全であるよう配慮するために数々の対策をとってきました。これまでに数多くのヴィーガニズム擁護派の人たちと個人的に仕事をしてきましたが、彼らも食肉加工や屠殺の過程を目にしてきた結果、侵入思考、悪夢、フラッシュバック、集中力欠如、不安、不眠症などといったPTSD（心的外傷後ストレス障害）に悩まされていました。私は畜産農業について三〇年近く講演したり教えてきたりしてきましたが、どのような過程を経て動物が食品になってゆくかを目の当たりにし、恐怖ですくまない人に出会ったことはまだ一度もありません。通常人間は動物が苦しむところを見るに堪えません。

なぜ私たちは、動物たちが痛がり苦しむのを見たくないのでしょうか？　それは、感覚を持つ別の生き物に共感するからです。私たちのほとんどは、たとえいわゆる「動物好き」でなくても、人間であれ人間以外の生き物であれ、他者に苦しんでほしくはないのです。そしてその苦しみが激しくて必要でないならなおさらです。だから暴力のイデオロギーは、思いやることのできる人間が無慈悲な慣習を支え、自分たちが何をしているかに気づきもしないように、防衛機制を働かさなければならないのです。

生まれながらではない殺し屋

人間は生来、殺すことを嫌悪するということを証明した実話があります。この分野に関する調査の大部分は軍隊によって執り行われました。分析者によると、軍人たちは意図的に敵の頭部を狙って発砲するか、あるいはまったく発砲しないかのどちらかに分かれる傾向にあるとのことです。[8]

ナポレオン戦争と南北戦争の時代に行われた戦闘の研究において、驚くべき統計が明らかになりました。兵士たちの技術、敵への接近度、武器の殺傷能力を考慮すると、敵への発砲回数が一分間に数百人を殺したことを意味する五〇%をゆうに超えたとしても、実際の命中率は毎分一、二人だったという調査結果です。これに似たような現象が第一次世界大戦でも起こりました。英連邦軍のジョージ・ルーペル中尉によると、兵士たちは彼が刀を抜いて塹壕まで行き、「兵士らの尻を叩き、敵に向かって発砲しろと命令するまで[9]」威嚇射撃しかしなかったそうです。

第二次世界大戦でもまた発砲率は明らかに低かったのです。歴史家でもある米軍のS・L・A・マーシャル准将は、戦闘中の発砲率は一五%から二〇%に過ぎなかった、言い換えると銃撃戦に従事した一〇〇人の隊員のうち実際に武器を使用したのはたった一五人から二〇人だったと報告しています。そしてベトナム戦争では、敵兵一人を殺すのに実に五万発以上が発砲されたとの記録もあります。[10]

これらの研究結果は、兵士に殺すことを目的に発砲させる必要があり、暴力に積極的に関与させ、殺すという行為に十分に鈍感にならなければいけないということを、軍隊に知らしめました。つまり、兵士は感情を捨てることと自分たちの行為に責任を感じないようになることを学ぶ必要があるのです。彼らには、良心が覆されるようなことを教えなければいけないのです。しかしこれらの研究は、目の前に迫った危機に直面しても、極度に暴力的な状況に置かれても、ほとんどの人は殺すことをためらうということをも明らかにしました。「いつの時代でも戦場で戦った大多数の兵士たちは、敵を殺さなければいけないあるいはそうできる決定的瞬間に、自分が『良心的兵役拒否者』であることに気がつくのだ」とマーシャル准将は結論づけています。

第一章でも述べたように、カーニズムの主たる防衛機制は不可視性です。カーニズムがいかに社会的にも心理的にも不可視化されているかを論じてきました。しかし暴力のイデオロギーは、暴力行為が公的な調査から実に巧みに隠されているという、物質的な不可視性にも依存しています。年に一一〇億もの動物が繁殖、飼育、殺害されているのに、食肉加工のたった一部の過程をも私たちが決して目にすることがないことに、あなたは気づいたことがありますか?

私たちが口にする肉、卵、乳製品について一度きちんと考えてみれば、そして私たちの食の好みに関して、自分自身の自然で純粋な選択以上のことがあることに気がつけば、なぜ豚を食べ、犬を食べないのかという疑問に対して「そういうことになっているから」という説明では不充分であるということが分かるはずです。ではこれから現実がどうなっているのかについて目を向けていきましょう。

第三章

カーニズムの現実

「大きな嘘をつけ、シンプルに、そしてそれを何度も繰り返せ、そうすればやがてそれは信じられるようになるだろう。」

アドルフ・ヒトラー

もしあなたが一般的な人だったとしたら、肉、卵、乳製品を日常的に食べていることでしょう。動物性食品を一日のうちに何度も摂取しているのではないでしょうか？　先週一週間の間に食べたものを思い出してみて下さい。鶏、牛、豚、あるいは魚を使った料理はどのくらいの頻度でありましたか？　朝食に卵料理やヨーグルトを、昼食には七面鳥やツナのサンドイッチを、そして夕食には串焼きやフライドチキンを食べませんでしたか？今週はどのくらいの量の動物性食品を消費していると思いますか？　今月は？　今年一年では？

アメリカ合衆国農務省（ＵＳＤＡ）の概算によると、アメリカでは一人の人が一年に消費する肉の量は平均して、鶏肉約四二kg[12]、七面鳥約七kg[13]、牛肉約二六kg[14]、豚肉約二三

kgとのことです。これに、仔牛と仔羊の肉をそれぞれ約〇・五kgずつ加えると、私たちが一年に食する肉の合計量[16]は約一〇〇kg[15]になります。ちなみに、これ以外にも魚約七kg[17]、卵約一七kg、乳製品約二八六kgを私たちは摂取しています。現在アメリカの人口が三億二八〇〇万人であることを考えると、実に大量の動物性食品、つまり膨大な数の動物たちが消費されているということになります。（このような大規模のカーニズム的消費はなにもアメリカに限ったわけではありません。例えばEUでは、人々の平均年間摂取量は鶏肉一一五kg、魚一一〇kg、乳製品一〇五kg、豚肉九六kg、牛肉八六kg、そして卵一三kg[18]で、世界中の他の国々も似たり寄ったりです。）

では、もう少し詳しく説明していきましょう。アメリカの畜産業界は年間一一〇億頭もの家畜[19]を屠殺しています（それ以外にも推定四七〇億の魚や水生動物を食用に捕獲しています[20]）。換算すると、一分間に二万三千以上の、一秒間に三八〇以上の生き物の命が奪われていることになります。まさに今あなたがこの三段落を読んでいる間にも、およそ七万三千以上の動物が殺されているのです。

アメリカで年間に屠殺される家畜の数を次のように換算してみましょう。一一〇億頭という数は世界人口の二倍近くで、ニューヨーク人口の三三倍、そしてロサンゼルス市人口の二七五〇倍にあたります。

この数字を違う側面から見てみると、一一〇億人の人をサッカー場に詰め込むとしたら、全員を収容するのに一二万一千個の競技場が必要となり、面積で言うとロサンゼルス市くらいの大きさになります。あるいは、一一〇億人の人が列になって並ぶと、約三五〇万キロもの長さとなり、これは地球と月を約五往復する距離にあたり、地球の円周を八三回回る長さにも匹敵します。そして、ここで忘れてはいけないのは、今私たちが話題にしているのが、たった一年の間に殺される動物の数だということです。五年、一〇年、二〇年の間にいったいどれだけの動物たちが殺されていると思いますか？

一つの動物性食品を売買し消費するのに足りるだけの量を生産するのに必要とされる動物の数は膨大です。畜産業は巨大ビジネスです。事実、アメリカの食肉産業は年間売上が二三兆四千億円[21]にもとどく勢いです（ＥＵも似た状況です）[22]。全国に無数にあるスーパー、コンビニ、レストラン、個々の家庭にも動物性食品が蓄えられていることを考えてみてください。私たちは肉、卵、乳製品をいつでもどこでも見かけます。

でも、その源となる動物たちはどこにいるのでしょうか？

動物たちはいったいどこに？

年単位で一一〇億頭の動物が飼養、輸送、屠殺されますが、そのうち生きている状態の動物を私たちが目にすることはどれくらいあるでしょうか？　都会の人はおそらく家畜動物を見かけることはほとんどないでしょう。しかし、あなたが仮に田舎に住んでいたとします。どのくらいの数の牛が放牧されている場面に出くわすと思いますか？　一か所に五〇頭ほどでしょうか？　鶏、豚、七面鳥はどうでしょう？　これらの家畜を屋外で目にすることがありますか？　テレビ、雑誌、新聞そして映画の中で、これらの動物をどの程度の頻度で見たことがありますか？　日常的に肉を食べていても、食卓にのぼる運命の動物を一生の中でまったく見かけなくても特段奇妙に思わない人がほとんどです。しかし、この動物たちはいったいどこにいると思いますか？

食肉産業では「満足げな牛」とか「幸せな鶏」という謳い文句を使って私たちにそれが事実だと信じ込ませようとしますが、食肉となる動物の大多数は、草が青々と茂った牧草地や農家の庭先でのんびりと暮らしているわけではないのです。新鮮な干し草の敷かれた広々とした牛舎で寝ることもありません。家畜は、生まれた瞬間から徹底的に監禁され、病気に苦しむこともあれば、極度の暑さにさらされ、畜舎にぎゅうぎゅう詰めにされ、人間に暴力的に扱われ、精神異常をもきたすような環境におかれるのです。世間一般の家畜に対するイメージとは裏腹に、牧歌的な小規模家族経営の農家というのはおおかた過去のものとなり、今日動物たちは大規模な「集中家畜飼養施設」（CAFO、「工場式農場」とも

＊その国の法律によって若干の違いがあったとしても、本書で描写されている実践方法に似たやり方が世界中の畜産業界で行われています。

呼ばれます）で、屠殺場に出荷されるまで監禁状態で暮らすのです。*

どのような大規模製造工場も同じですが、ＣＡＦＯ（とその出荷先の屠殺場）は製品をできるだけ低コストで生産し、より高収益をもたらすというただ一つの目的を果たすために設計されています。単純な話、一分間でより多くの動物を処理し殺すほど、収益が上がるのです。この目標を達成するために、ＣＡＦＯは施設内をいちどきに一〇〇万もの家畜でうめつくし、[23] 動物たちを生産単位で扱い、その福祉よりも、肉体が生み出す利益を必然的に最優先にするのです。ビジネスの観点からいうと、動物福祉は利益の「邪魔」なのです。なぜなら、動物は大量生産し、屠殺過程までもたないほど弱った個体はさっさと処分してしまった方が、家畜を適切に世話するよりもコストがかからないからです。事実、食用と運命づけられた動物のうち、屠殺場に到達する前に死ぬ個体数は二〇億を超えると推定されており、[24] これは生産原価の中に既に含まれているのです。経費削減に重きを置く経営が、現代の食肉生産を人類史上最も暴力的な慣習にしていると言えるでしょう。

見ざる、言わざる、聞かざる

真実を歪曲するのに一番効果的な方法は真実を否定することです。私たちは、たとえ問題があったとしても問題は何もないと自分に言い聞かせれば、その問題をどうやって解決しようかと頭を悩ます必要がなくなります。そして真実を否定するのに最良の方法は、真実を不可視化することです。これまで説明してきたように、不可視性はカーニズム体制の防波堤の役割を担っているのです。

第二章では、このシステムの象徴的な不可視性を分析し解釈しました。否認の形で表れる逃避という防衛機制が、象徴的な不可視性をもたらします。システムを名づけないことによって、真実を避けようとし、そうすることで、今度はシステムが実際に存在することさえ気づかなくなります。この章では、カーニズムの実践的な不可視性を脱構築していきます。この脱構築は、カーニズムのメカニズムと力学を正確に認識するのに必要です。私たちが知らずにいたり誤解していたりする限り、食肉生産の現実を理解することはできないし、カーニズムの防衛機制を乗り越えることもできません。

食卓に並ぶ肉、卵、乳製品の多くを生産する施設は、基本的に見えません。私たちがそれらを見ることはないのです。そうした施設は人々が滅多に踏み込むことのない僻地にあります。たとえ近づこうとしても、立ち入り禁止区域となっており、[25] 一般人の目には触れないようになっているのです。施設を出入りするトラックは密閉されており、業者名なども表示されていません。ジャーナリストのエリック・シュローサーが書いた『ファストフードが世界を食いつくす』はベストセラーになりましたが、彼は本の中でそのような施設を「正面に窓はなく、建築物として眺めるかぎり、中で何が行なわれているのかさっぱり見当がつかない。[26]」と描写しています。私たちは見るべきでないから見えないようになっているのです。どのような暴力のイデオロギーもそうですが、一般人がシステムに疑問を持ったりそれに関わることがないように、彼らがシステムの犠牲者と直接的に接触しないような構造になっているのです。この真実が、食肉産業がこれほど長い間、実態を見えなくさせてきた理由なのです。

アクセス拒否

ジャーナリストのダニエル・ズワードリングは二〇〇七年、* グルメ誌の為に養鶏業に関する記事を書き始めました。ズワードリングが原稿を書くため養鶏場の見学を申し入れた時、肉料理をふんだんに紹介するグルメ誌に寄せる記事であるにもかかわらず、まるでベジタリアンタイムズ誌の取材かのように養鶏業関係者は反応しました。グルメ誌に「殺害をめぐる見解」という記事を寄せたことのあるズワードリングは「養鶏場で鶏がどのように扱われているかじかに観察したかったのですが、有力な養鶏業者五社の広報担当が揃って、食用の鶏を飼養している農場の見学を拒絶したのです。鶏がどのように殺されるのかも実際に見たかったのに、屠殺場の見学も許されませんでした。役員たちは、鶏がどのように飼養され殺されるのか、言葉で説明することさえ拒否したのです。」と述べました。そして彼のこの経験は決して珍しいことではないのです。

立ち入りが困難なのはなにも食肉加工工場に限った話ではありません。アメリカの州の多くは、研究室、サーカス、屠殺場などの「動物関連企業」では、写真やビデオ撮影をすることを法律で禁じています。さらに、二〇〇六年制定の「動物関連企業テロリズム法」は、憲法違反であるという厳しい批判の的となっていますが、これは動物関連企業に経済的な不利益をもたらす行為を違法と定めました。[27]

メディアは通常「動物関連企業」から取材拒否されるので、一般人がCAFOや屠殺場の映像を見たことがあるとしたら、それらは恐らくほとんどがアンダーカバー〔秘密裏に行われた覆面調査〕によるものでしょう。こんな例があります。米国人道協会（HSUS）が二〇〇八年に行った覆面調査で、農場の作業員が弱った乳牛を鎖にかけ無理やり引っ張り、フォークリフトで動かそうとする様子がビデオに収められていました。この農場の牛は食肉として加工され学校のカフェテリア用に出荷されていましたが、問題のアンダーカバー映像が公になったことで、後にアメリカ史上最大の

＊多少古い情報ではありますが、現実の問題に直結する内容なので、初版で紹介したこの事例を本書でも引用しています。

牛肉リコール事例にまで発展しました。

養豚場の豚

第二章でも述べたように、豚は知性があり繊細な動物です。生後三週目の子豚は自分の名前を覚え、呼ばれると反応します。ペンシルベニア州立大学の研究によると、豚は学習させればコンピューターゲームまでできるようになるということが分かりました。豚はゲーム機の操作レバーを突き出た鼻で動かし、八〇％の高確率で標的に命中させることができたのです。[28] また、豚は愛情深く社交的で、人間に寄り添い一緒に時間を過ごすことが好きなので、ペットとしては最適です。何年か前に私は救助された家畜の保護施設を訪れたことがありますが、豚は腹や耳の後ろを撫でてあげたらとても喜んで、もっとやってくれと私にせがんだほどです。

自然環境の中で生きる豚は、一日に約五〇㎞近く散歩し、仲間とお互いに絆を深めます。集団の中では、恐らく三〇頭ほどの仲間を個別に認識することができ、仲の良いもの同士で挨拶を交わし意思の疎通もとります。妊娠中の豚は非常に用心深くなり、安全に出産できる場所を見つけるために約一〇㎞も歩き回り、一〇時間かけて赤ん坊を育てる巣を作ります。子豚は群れに加わる時期が来ると、何か月もの間仲間と一緒に遊んだり自然の中を探索したりします。[29]

しかし、この世に生を受ける大多数の豚は（約八〇〇〇万頭）[30]一生涯狭い檻に閉じ込められ、屠殺場行きのトラックに詰め込まれるまでは、一度も外を見ることはありません。子豚は生まれてすぐに麻酔なしで去勢され、尻尾も切り落とされるのが常です。サイドカット用の尖っていないペンチを使って「断尾」すれば出血を抑えられるので、牧場主にはその使用が勧められています。[31]なぜ生まれてすぐに断尾されるかというと、豚は養豚場で極度のストレスにさらされ、本能からくる欲求も満たされない環境に置かれると、神経症による問題行動をおこし、お互いを噛み合って尻尾を食いちぎることがあるからです。[32]この心理的反応は、業界では豚ストレス症候群（ＰＳＳ）と呼ばれる症状の一つで、その状態は人間でいうＰＴＳＤと非常によく似ています。症状としては他に、筋肉の硬直、息切れ、不安症、皮膚の斑点状のチアノーゼなどがあり、突然死することもあります。[33]孤独な監禁状態に置かれたり囚われて拷問される人間がそうなるように、豚も自傷行為をしたり無意味な行動を日に何千回も繰り返すようになります。文字通り頭がおかしくなってしまうのです。*

豚と人間に共通するトラウマの遺伝子

人間のＰＴＳＤと豚ストレス症候群（ＰＳＳ）は共に遺伝子に関連している面があると考えられているようです。もともと遺伝的素因があり、そこに心的外傷を受けるような経験が加わると、ＰＴＳＤを発症する可能性が高くなることが、数々の研究で分かっています。双子のベトナム帰還兵に対する大規模な研究が行われた際に研究者たちは、ＰＴＳＤを発症する一因として「遺伝子の関与が顕著」だという結果を導き出しました。カナダのオンタリオ州農務省も、ＰＳＳは遺伝的素因にストレスが重なり発症に至ると、似たような報告を発表しています。[34]

監禁状態で生まれた子豚は、生後二、三週間しか乳を吸えません。[35] 乳を吸うのも、母豚と別々にされた檻の鉄枠越しです。飢えや下痢などに苦しみ、離乳するに至らず命を落とす子豚も数多くいます。[36] 子豚が本能のままに、母豚のぬくもりを求めてそばに寄ろうとしてなんとか母豚の檻に入り込めたとしても、狭い檻の中ではふとした瞬間に母豚が子豚を踏み潰してしまう可能性があります。理由は何であれ、こうした環境では子豚の死はつきものです。育成工場には、作業員が面倒見きれないほど過剰な数の豚がいて、典型的な養豚場では作業員四人で三二〇〇頭の豚を担当しています。[37]

豚は離乳すると六か月間薄汚れた育成ケージか畜舎に押し込められます。[38] このような場所は、豚の排泄物から発生する有害なガスで充満しており、空気は埃や皮膚片で澱んでいます。豚も豚を閉じ込めた建物内で働く人間も慢性的な呼吸器疾患に罹り、多くの豚は肺疾患で早死にします。[39]

食肉加工するのに十分なまでに成長すると、豚はトラックに載せられ屠殺場に出荷されます。経費を浮かすため、トラックには載せられるだけの豚が詰め込まれ、すし詰め状態の車内は猛烈な熱さとなり、二八時間以上もかかる道中は餌も水も一切与えられず、輸送中に息絶える豚も少なくありません。[40] 畜産業界が発行しているザ・ナショナル・ホッグ・ファーマー誌によると、「全米で報告のあった豚の到着時死亡率（DOA）［二〇〇七年］は〇・二二％で、二二の商業実地試験によると、食肉加工工場で（疲労や怪我ありと分類され）体重計のある場所まで自力で歩くことのできない豚は全体の約〇・三七％だった。しかし歩行困難に関する国の公式な統計は出ていない[41]」とのことです。ゲイル・エイスニッ

＊この同じ行動を繰り返すことの専門用語は「常同症」です。常同症はあらゆる種の動物に見られるストレス症状ですが（動物園の檻に閉じ込められたライオンやトラなど）、豚ストレス症候群（PSS）の症状とは分類されていません。

ツは畜産業界の動物虐待を調査した経験をもつ女性ですが、屠殺場の何十人もの労働者たちをインタビューした時に、動物の輸送に関して次のような話を聞いたそうです。

大型トラックで運ばれてきた豚はどうせ（…）死ぬ運命さ。レンダリング工場で働いていた時は、毎日何重にも積み重なった豚の死骸を見たよ（…）トラックから下ろされる時、死骸は氷の塊のように硬かった。ある日、三〇体くらいの凍った豚の塊から切り分けるために何頭かを取り出そうとしたら、凍っているくせにまだ生きている二頭がいたんだ。何で生きていると思ったかというと、そいつらは、まるで「助けて」と言っているように頭をもたげたからなんだけど、僕は斧を手に取ってその二頭を叩き切ったよ。[42]

過酷な輸送を生き延びた豚は、屠殺されるまでの間いったん囲いの中で待機させられます。[43]順番が来ると、作業員に棒で突かれながら追込み通路に出され、そこから解体場へと一列になって歩かされます。列の後方にいる豚には、既に殺される番になった豚の悲鳴や騒々しい工場内で働く作業員たちの怒鳴り声が聞こえてきます。シュローサーは、屠殺場を見学した時にこの現場を目撃した様子を次のように描写しています。「動力装置や機械がうなり、圧縮機が空気を吐く音がする。（…）わたしと案内人はぬらぬらする金属製の階段をのぼり、小さな踊り場に出た。ここが生産ラインの起点だ。ひとりの男が振り返り、わたしを見て口元で笑った。保護ゴーグルをかけ、保護帽を被っている。顔面に何か灰色の物質と、返り血の跡がぽつぽつ見える。[44]」当然のことながら、ほとんどの豚は前進したがりません。ある屠殺場の作業員がこんなことを言っていました。

豚は血の匂いがしてくると、もう前に進もうとはしない。すると担当の係は豚を保定器まで動かそうと叩き、鞭打ち、頭を蹴るんだ。ある時、豚の移動係は動こうとしない豚に対して突き棒を取り上げ、尻に突っこんだんだ。そういうやり方は困るんだよ。だって豚が僕の所に来るまでに倍ほど凶暴化してるからね。[45]

家畜は本来殺される前に、気絶させられ意識を失わせること屠畜銃で眉けんに撃つスタニング処理工程になっています。[46] しかし足をフックにかけられ天井吊りコンベアに逆さまに吊るされても、その時点でまだ意識のある豚もおり、次の工程で喉を掻き切られるまで、逆さまのまま身をよじらせるなど抵抗をします。スタニング処理と首を切る工程がかなりのスピードで行われるのと、工場の作業員たちが十分な訓練を受けていないケースがよくあるせいで、多くの豚が喉を切り裂かれてもまだ意識がある状態で次の工程へと進むのです。次の工程は、皮を剝ぐための湯釜です。ゲイル・エイスニッツは、工場の作業員たちが昼休みで作業場を離れている間、片足をフックにかけられ逆さまにぶら下げられたままの豚がキーキーと苦痛に鳴き、何千もの豚が生きたまま煮えたぎった湯釜に浸けられている様子を描き出しています。ある作業員はこう言いました。「こいつらは（…）煮えたぎった湯釜に落とされると、叫び声をあげて足をバタつかせるんだ。釜の外まで水が飛び散るくらい激しくのたうち回る豚もいるよ。湯釜には回転翼がついていて、中の豚をまんべんなく釜底に沈めるから、逃れることはできないさ。溺れる前にやけどで死ぬのかどうかは知らないけど、ものの二、三分でやつらは動かなくなるよ。[47]」

エイスニッツは、作業員たちが四秒ごとに豚を殺す（あるいは気絶させる）という作業を何時間も行わなければいけないストレスが豚に対して向けられていることに気がつきました。ある作業員はこの状況を次のように描写しました。

ある時、ある一頭の豚がむしょうに腹立たしく思えたんだ。癇に障ると、これから殺すのであっても、ただ単に殺すのではなくもっと手ひどく扱って、ズタズタにして奴を血だまりに倒れこむまで苦しめてやろうという気持ちになるんだ。まずは、鼻を割いてやったよ。そしたら、奴は囲いの中でのたうち回ったぜ。俺のことを見上げたから今度は棒で突き刺してやった。豚がへたり込んだ隙に、ナイフで目を切りつけてやった。そうしたら狂ったように叫んだよ。ある時はよく切れるナイフで突き出た鼻の先を切り落としてやったこともあるさ、まるでボローニャソーセージのようにね。そいつは数秒ほど狂ったように暴れたけど、じきにアホ面して座り込んだよ。次に俺は塩水をその鼻に塗りつけてやったんだ。そうしたら今度はおそろしく暴れ出して、その鼻をそこら中にすりつけたんだ。俺は手にまだ塩が残っていたので、それを豚の尻にも突っ込んでやった─ゴム手袋ははめていたさ。哀れな豚はもうどうしていいか分からないほど混乱していやがった。[48]

繁殖目的で飼養される雌豚も同じように、最終的には屠殺場送りになります。そしてその時が来るまでは、生涯のほとんどを妊娠ストールと呼ばれる狭い鉄製の檻や小屋の中に閉じ込められます。[49]* 妊娠ストールは幅約六〇㎝で豚が体の向きを変えるスペースもなく、床は排泄物にまみれています。こうした監禁状態は豚をさまざまな意味で苦しめます。特に尿路感染症にかかると激痛に襲われ、これは時に死に至るほど深刻化する病気です。感

＊妊娠ストールは非常に非人道的な方法であると見なされ、数々の国で禁止する動きが広がりを見せてきている。EUでは二〇一三年から妊娠ストールの使用を禁止し、[51] アメリカのスミスフィールド・フーズやカナダのメープルリーフフーズといった最大級の豚肉加工生産企業も全面的或いは部分的に使用を禁止する（少なくとも禁止することになるだろう）と発表した。

染は、豚がバクテリアだらけの汚物にまみれた妊娠ストールの床に横になり、バクテリアが尿路に侵入することによって引き起こされます。豚は五、六か月という短周期で、強制的にそして繰り返し妊娠させられ、やがて生殖能力が衰えると、屠殺場へ向かうトラックに積み込まれるのです。[50]

「争点を定義するものが議論を制する」

家禽類専門獣医でミシシッピー州立大学の臨床学の教授であるティモシー・カミングスは、養鶏業者の集会の場で、言語の力を熟知しているメディア通の動物の権利活動家たちと戦うべきだ、と発言し、「争点を定義するものが議論を制する」と言いました。[52] 家禽のくちばしの切断である「デビーク」は、その処理がくちばしを傷つけているのではなく手入れであるように聞こえるよう「くちばしの調整」と呼ぶべきだと提案しました。また、鶏が自動屠殺機を生き延びてしまった場合にとどめを刺す作業員を「バックアップキラー」ではなく「ナイフ係」と、そして「血まみれになった」という表現を「出血死」と変えるように勧めました。

畜産業界関係者たちは、生きている動物が肉という商品になる工程をあまり詳細に描写すると、消費者が不快感を覚えるであろうことをずっと以前から認識しています。遡ること一九二二年、テキサス州の羊とヤギの生産者協会は、「人々は牛のひき肉、豚のぶつ切り、羊の足と聞くと食べたがらないが（…）ビーフ、ポーク、マトンと聞くと食欲をそそられるのだから、『ヤギの肉』も『シェブロン』と呼び名を変えよう」と提案しました。[53] また、全米肉牛生産者協会もかつて、「『屠殺』という言葉は聞こえが悪いので」、「屠殺」の代わりに「工程」とか「収穫」という言葉を使うよう会員に助言しました。[54]

食肉業界が、生産の真実をごまかすために言葉をすり替えた興味深い例が、英国にもあります。畜産業界誌のザ・ミート・トレード・ジャーナルは読者に、「屠殺場」の代わりに「食肉プラント」や「食肉加工場」いう言葉を使うよう促し、[55] 次のような陳述も発表しました。「以前は、肉屋は肉を小さく小分けにして売る時、その肉がどの家畜のものかを証明することがありました。しかし、現代の消費者心理はこの肉と生きた動物との繋がりを認識することを受け入れられません。ですから、肉の新しい販売戦略が早急に必要です。我々の商売はもはや死んだ肉の部位を売ることではありません。消費者には、牧草地の動物のことを気にかけるよりも、自分たちが何を食べるのかを前向きに考えてもらわなければならないのです。」

534号の生涯

現代の食品生産の実態をさらけ出したベストセラー本『雑食動物のジレンマ』の著者マイケル・ポーランは、本を執筆するためにある一頭の去勢牛の一生をたどりました。「534」と番号がふられたその去勢牛を誕生から死まで追う中でポーランが見たものは、まさにアメリカで一年の間に殺される三五〇〇万頭の去勢牛の運命です。ポーランは、農場の牛囲いの中の子牛の群れを観察していた時の様子を次のように描写しています。「(…)柵近くにぶらりとやって来た534号と目があった。がっしりと丈夫な体つき。顔には目印となるような白いぶちがある。よし、この牛にしよう。[57]」

534号がポーランにためらうことなく近寄ってきたのは驚くべきことではありません。牛は打ち解けやすく、感情が豊かで社会的な動物です。牛には気持ちを伝達するための多様な鳴き声としぐさがあり、自然環境にある牛たちはお互いに友情をはぐくみます。牛は生まれつき穏やかで従順な気質で、目が覚めている間はたいてい草を食べたり反芻したりして過ごします。子牛は乳を飲んでいる時以外は、子牛仲間といろいろな遊びをします。

食肉用として生まれる牛は、こうした本能がほとんど無視される状況下に監禁されます。しかしほんの短い間だけは最低限の基本的欲求が満たされます。養豚業や養鶏業とは違い、養牛業は牛を生まれてから半年は放牧するのです（しかしそれは極端な暑さと気候を耐え忍ぶことをも意味します）[58]。それは食料となる草が豊富にある放牧地を所有する牧場主と契約を交わす方が、養牛場で飼養するよりも安価だからです。ポーランはこう書いています。「子牛の534号は生後六カ月間、この青々とした牧草地で母牛の9534号のそばで過ごした。（…）四月のある土曜日に焼き印を押され、去勢されたショックを除けば、534号はこの六カ月間を古き良き日々だったと思っていることだろう。[59]」

534号は牧草地の反対側にある分娩舎で生まれ、すべての雄牛が経験するように去勢手術、焼き印、「除角」（角がフェンス等に引っかかるのを防ぎ、他の個体や人間に危害をもたらさないよう施される）は麻酔なしで行われました。テネシー大学の農業専門家たちは、子牛の去勢手術に関するいくつかの最も効率的な方法というものを紹介しています[60]。それによると、子牛がまだ幼少で性的に成熟していないうちに去勢してしまうのが、「手術のストレスを最小限にとどめる」のだそうです。手術法としては次の通りです。ナイフで陰嚢下部を切開し、「睾丸が露出されたところでそれを掴み引っ張ると同時に、靭帯周辺の結合組織を押し戻す。子牛の場合、靭帯が破損するまで睾丸を掴み引っ張るのもよい。」あるいは、睾丸上部の陰嚢をゴムで縛る方法もあります。「こうすると、血流が止まり陰嚢と睾丸は三週間ほどで抜け落ちる。」しかし、「この方法は破傷風を誘発する危険性があるため、非出血方式の去勢手術としては最終手段であり、この手法を用いる場合は、生後一か月以内の子牛に対してのみ施されるべきである」と農業専門家たちは警告しています。また、もう一つ別の非出血方式の手術法として、精索を押し潰し、血流を止めるエマシュレーターという切れにくい刃のついた道具を用いる手法を紹介しています。「エマシュレーターを約一分程（精索に）固定する。それぞれの精索に二回ずつ行うことを強く推奨する。もう片方の陰嚢も同様に処置する（…）もし、固定する際に精索からずれてしまったらもう一度繰り返すこと。」そしてこの農業専門家たちは最後に勧めています、「去勢手術をするのに最適の季節は、ハエやウジ虫が湧いて術後の傷に感染症や炎症を引き起こすことが少ない春か秋だ」と。

このような去勢手術の実践方法からすれば、ポーランが534号は心に傷を負ったと思うのも無理のないことでしょう。彼は、534号は生後六か月で母牛から引き離されたことによっても二重の苦しみを味わったと主張しています。「離乳は、動物にとっても牧場主にとっても恐らく一番辛い時期です。子牛を奪われた母牛は何日も大声で鳴き、引き離された子牛もストレスを抱え病気になりやすくなります。[61]」家畜獣医は、離乳は精神的ストレスの最たる原因と認識されるので、母牛と子牛が引き離された後に再会することがないように施設を設計することが望ましいと言っています。[62]

強制的な離乳後、534号は次の数か月を過ごすことになる育成牛舎に移動させられました。そこでは、監禁状態や飼槽からの食事、また体重が約三六kgから一一か月以内に五〇〇kgに増えるよう、薬剤だらけの穀類やたんぱく質と脂肪のサプリメントが大量に入っている人工的な飼料を食べることに慣らされます。[63]534号は残りの人生を、床は飼料でできた薄汚い工場式農場の過密な肥育場で、屠殺される運命の何千頭もの去勢牛たちと共に監禁されて暮らすのです。[64]

屠殺場に輸送された去勢牛もまた前述の豚と同様、解体場へ続く追込み通路を歩きたがりません。牛は突き棒で突かなければ前進せず、それは既にいらいらしている牛と作業員をさらに追い詰める工程です。連邦法は五〇ボルトを超える電気突き棒の使用を禁じていますが、エイスニッツがインタビューしたある作業員は次のように証言しました。

牛を歩かせようとする時はけっこうイラつくよ。何度も棒で突かなければいけないんだ。でも、誘導係［牛を追込み通路の脇で突く係］の中には時おり牛にひどいやけどを負わせる奴もいるんだ。ホットショット（電気突き棒）が五、六個、追込み通路沿いの鉄格子に引っ掛けられていて、電圧が一一〇ボルトに設定されているから、溶接機のように火花を散らしているのさ。牛がパニックを起こして暴れだすほどホットショットで叩きつける奴もいる。どうしようもできないけど、なんとかしてスタニングボックスに入れるのさ。[65]

生産ラインまでたどり着くと、去勢牛は（スタニングボックスで）気絶させられ、足をフックにかけられ逆さまに吊るされ、放血され、内臓をえぐられ、皮をはがされます。豚と同じように、十分な訓練を受けていない作業員と天井吊りコンベアの目まぐるしいスピードのせいで、スタニング処理が適切に施されず、多くの去勢牛は意識のあるままさらなる工程に進むのです。生産ラインに逆さ吊りにされている去勢牛に意識があると、働いている人にとっては本当に危険です。なぜなら約四五〇kgもある体でのたうち回り蹴り上げて、フックが外れて約四・五mの高さから作業員の頭上に落下することもあるのです。時に、完全に失神させるために牛を何度も撃たなければいけないこともあります。別の作業員はこうも証言しました。

ある時、とても長い角をもった牛がいたんだ。眉間を二回撃ったら（…）何か白い塊が出てきたんだ—脳みそだと思うけど—その牛は頭部を血だらけにして倒れこんだよ。足にフックをかける所までそいつを引きずっていったんだけど、そいつは足にフックがかけられるのを感じたのか、何事もなかったかのように立ち上がって、よろめきもせず裏口から逃げ出し一七号線を走り始めたんだ。工場の仲間が追いかけてその牛をライフルで撃ち殺し、トラクターで引きずり戻したよ。[66]

シュローサーも、不十分なスタニング処理がもたらす惨事を目撃しています。

> そのうちの一体が、足の鎖が外れて床に落ち、ベルトコンベアの端に頭部を挟まれた。生産ラインがストップし、作業員が駆け寄って、気絶しているだけで死んではいない去勢牛を、機械の口から引き出そうと引っ張りはじめる。もううんざりだ。[67]

ポーランは解体場への立ち入りは許されず、５３４号の最後の姿を見るまで別の場所で待たされました。そしてついにステーキのパッケージが出てきました。もはや番号さえもついておらず、ポーランの５３４号は、小さく切り刻まれスーパーの商品棚の陳列用に梱包されてしまったのです。

少しずつ死んでいく家畜たち

ワシントンポスト紙は二〇〇一年に、ジョビー・ウォリックが執筆した「少しずつ死んでいく家畜たち」という記事を掲載しました。ウォリックは、本来牛はカッティンググルームに行く前に死んでいるはずなのに、なぜ現実にはそうではないことが多いのかを書いたのです。屠殺場で一時間に三〇九頭のペースで目の前を通過する屠殺体から飛節を切り離すセカンドレッガーとして二〇年間働いていたレーモン・モレノへのインタビューをウォリックは以下のように記事にしました。「「牛はまだ瞬きをしていて、鳴き声も立てている。」と静かに語りました。「頭を動かし、目を見開いてまわりを見るんだ。」それでもモレノは切り続けました。ついていない日は、明らかに意識があってまだ生きている牛が何十頭も彼の持ち場に送られてきます。中には、尾を切り落とす工程、腹を切り裂く工程、皮を剥ぐ工程まで生きている個体もいるのです。「彼らは死ぬんだ」モレノは言いました。「少しずつね。[68]」」

鶏と七面鳥は愚かなのか？

第二章では豚に対して人間が抱くいくばくかの憶測と、その憶測に基づく信念によって、どのように豚を食べることに抵抗が少なくなるのかを論じました。多くの人たちは、鶏や七面鳥からもっと距離があり、少なくとも彼らが愚かだという根深い信念―もっと言えば痛いのかどうかさえ分からないほど愚か―を持っています。しかし、鳥類は実は賢い生き物なのです。近年科学者たちは、鳥類がこれまで考えられていたよりもはるかに高度な知性を持っているという事実を認めています。[69] そのうえ、鶏と七面鳥に関して言えば彼らはたいへん社交的です。その証拠に、これらの動物をペットとして飼い始める人も増えてきています。飼い主達によると、鶏や七面鳥は人間と遊んだり、愛情を求めて飼い主を探したり、飼い犬と一緒にはしゃいだりもするそうです。鳥類をペットとして飼う人向けのウェブサイトもあり、例えばmypetchicken.comは「飼い主たち」が自慢の鶏の写真を投稿し、仲間内で称賛し合ったりする場を提供しています。

それと反対に、アメリカでは年に約九〇億羽の鳥が肉や卵の消費のために殺されています。[70] いわゆる「ブロイラー」と呼ばれる鶏や七面鳥は食肉のために飼養され、自然環境にいれば一〇年ほど生きるのに、養鶏場ではその寿命は鶏が七週間で七面鳥は一六週間に縮まります。つまり家禽類を食べる際はいつでも、私たちは幼鳥を食べているということです。なぜ養鶏場での寿命がこれほどまでに著しく短くなるのかという理由は、一つには人為的な品種改良と、もう一つは成長促進剤が大量に含まれた餌[71]によるもので、種本来の成長の過程の二倍のスピードで体が発達するからです。しかしこの飼養法のために、こうした鳥は数々の奇形に苦しみます。体重が重すぎて足が体を支えきれず曲がったり折れたりし、慢性的な関節の痛みであまり動くこともできません。屠殺場へ出荷される日が来ると、手荒く鷲掴みにされ、詰め込められる限りいっぱいに輸送箱に押し込められるので、羽や腰や脚などが傷ついたり脱臼したり、内出血を起こしたりします。[72]

食肉用の鳥類は通常二万羽ほどが収容されている「ブロイラーハウス」とも呼ばれる殺風景な小屋で飼養され、さらに最新の施設ではそれ以上の数の鳥を擁して、[73] 床がまったく見えないほど鳥が詰め込まれている場合もあります。このような状況下では、餌探しや止まり木に留まるといった鳥本来の習性は押し殺され、やがて精神を病み、羽をつついて共食いするといったストレス性の問題行動を起こします。そこで、鳥同士がつつきあって殺し合わないよう、生まれてすぐにくちばしの先を熱した刃で焼き切られるのですが、これは麻酔なしで行われます。デビークと呼ばれるこの処置は、感染症や脳腫瘍を引き起こす原因ともなり、鳥が飲食をするのに必要なだけのくちばしを失った場合は死に至ります。[74]

ブロイラーハウスを生き延びた鳥も結局は屠殺場に送られます。家禽類の屠殺場では、他の家畜よりもさらに早いスピード（一時間に八四〇〇羽）[75]で処理されます。鳥は時には一度に何羽も一緒くたに鷲掴みにされコンベアに放り投げられます。人道的家畜屠殺法条例は、他の動物は屠殺前に気絶させるよう定めていますが、家禽類は例外とし、完全に意識のある状態で屠殺されます。喉を手あるいは機械で掻き切られ、羽を抜くために煮えたぎった湯釜に放られます。大量の鳥が生きたまま茹でられるのです。

ジョッシュ・バルクは、二〇〇四年にパーデュー鶏肉生産工場を覆面捜査員として秘密裏に調査した活動家で、後に米国人道協会の代表も務めたのですが、彼はパーデューでの経験を私に語ってくれました。またバルクは、工場内部をビデオ撮影しており、彼自身がそこで経験したこと、特に工場の作業員の鶏を扱う際の非常に攻撃的な様子を公開しました。バルクは毎日記録をつけていたのですが、[76]その一部を紹介しましょう。

鶏はそのほとんどすべてが、作業員に掴まれた瞬間から加工工程をたどる間ずっと、絶叫し激しく抵抗した。鶏たちの断末魔の叫び声と発狂したようにバタつかせる羽の音があまりにも騒々しくて、六〇cmも離れていない隣の作業員にでさえ、大声で叫ばないと話ができないありさまだ。

雇用人は扇風機に向かって鶏を蹴飛ばしたり、日常的に鶏が部屋のあちこちに投げ飛ばされている。（…）ある作業員はアメリカンフットボールの話をしていて、まるでタッチダウンで得点を得るかのごとく、ボールを地面にたたきつけるように鶏をベルトコンベアの上に「スパイク」した。

五〇羽くらいの鶏が、輸送用のかごからベルトコンベアにおよそ二・五mの高さから投げ捨てられるように載せられた。かごは一気にひっくり返され、鶏は落下し次々と重なり合う。この工程の間じゅう鶏の叫び声が響きわたる。ベルトコンベアに落下した鶏たちは、明らかに羽や脚が折れていたり、不自然な角度に曲がったりしていた。

私は（…）作業場のリーダーが鶏を放り投げる時に下品な言葉でののしっていたので、

その日ことさらに鶏に対して敵意を持っていたのだと感じた。別の作業員は休憩時間が終わるまで鶏の頭部を繰り返し平手で叩き続けていた。

鶏が吊るされている部屋には、死んだ鶏がたくさん床に放置されているので、それらを踏まないように歩くのは困難なことだった。

人間の消費用に運命づけられた他の種と同様に、年に消費される九〇億羽もの鶏たちの生死は見えないように隠されています。「動物の叫び声を聞き、空間に漂う死臭を嗅ぐという直接的な経験はほとんどの人にとっては…無縁のことだろう。」とバルクは言っています。

動物は痛みを感じるのか？

一八世紀の哲学者ジェレミー・ベンサムは、人間による動物の扱いについて「重要なのは、「動物に知性がある」か、「話すことができる」かではなく、「苦痛を感じる」ということである」と抗議しました。喜びや苦しみを感じるという感性の問題が、人間と動物のどちらの福祉について議論する際にも中心的な要素となってきたのです。

歴史上、弱い立場にあるグループに属する生き物は、痛みに対してより耐性があると信じられてきました。これは、苦痛を与えることを正当化するのにしばしば利用された憶測です。例えば一五世紀には、科学者は犬の意識がはっきりとしている状態で、その手足を台に固定するために釘を打ち、体を切り開いて実験をしました。そして犬の吠え声はまるで壊れた時計の針が立てる音に対するように、単純な機械的反応と捉え、気にも留めませんでした。同様に、一九八〇年代初頭までアメリカでは、医者は幼児には手術の際にも痛み止めや麻酔を使わず、赤ん坊が泣いても単なる本能的な反応と説明していました。[77] アフリカ人奴隷は、白人よりも痛みを感じにくいと考えられていたので、奴隷制度における残忍な扱いを正当化するのも簡単でした。

痛みというのは主観的な経験に基づくので、他人の苦しみを否定するのは容易です。別の言葉で言うならば、他人の体の中で起こっていることを経験するのは不可能なので、私たちはその人が感じているであろう感覚を憶測するしかできないのです。そして、もし私たちにとってその人は痛みを感じていないと憶測するほうが有利であるならば、それが真実であると信じることはとても簡単です。憶測はその人の持つ信念に由来し、他人に実際に苦しみを与えることを可能にするその信念のシステムこそが、憶測を存続させるのです。ですから、動物に苦しみを与えるカーニズムの実践において、注意や理性を欠くのも不思議ではありません。例えば、ロブスターが生きたまま熱湯で茹でられる時、鍋から逃げ出そうと必死に這い上がるのは、本能以外のなにものでもないという一般的な憶測を取り上げましょう。ロブスターは痛みを感じないと信じる理由はどこにもなく、煮えたぎった湯の中は苦痛なので逃げるという憶測は極めて筋が通っており、本能と感性は共存できるし共存している（両者は排他的な関係ではない）にもかかわらず、ほとんどの人は一般的な憶測を信じようとするのです。

客観的研究は、他人の経験に対する主観的な認識を無効化する方法です。例えば研究者たちが新生児の神経経路は痛みを感じるのに十分なほど発達していると証明したことによって、幼児は手術の際に麻酔を受けられるようになりました。また、科学者たちは甲殻類が感覚を持っているというあらゆる証拠を提示しました。これを受けて、ロブスターを生きたまま茹でることを禁ずる自治体が現れ[78]、オーガニックフードや自然食品を取り扱う世界有数の業者であるホールフーズマーケット社は、扱い方や売り方が人道的見地に反するという理由で、生きたままのロブスターやソフトシェルクラブの販売を停止したのです[79]。

養鶏業者は、人間は鶏が実際にどう感じているかを知ることなどできないと主張しますが、鳥は苦痛を感じるのみならず、痛みをなんとかやわらげようとすることが、近年疑う余地もないほどに証明されました。それは一二〇羽の鶏を研究対象とした実験で、その中の半数は足が不自由でした。研究者たちは、この一二〇羽の鶏に通常の餌と抗炎症性のある痛み止めを混ぜた餌の二種類を与えました。足の不自由な鶏たちは、そうでない鶏たちよりも五〇％ほど高い割合で薬入りの餌を食べ、その結果普通に歩けるようになったのです。さらに同様の実験で、鶏の足の状態が悪ければ悪いほど、その鶏はより薬入りの餌を食べるという事が分かりました。研究者たちは、鳥には自己治癒しようとする傾向がある、つまり鳥は苦痛を感じていると結論づけたのです。[80]

使い捨て採卵鶏

たくさんの「可愛らしい」動物の写真がカードや投稿、カレンダー等に使われていますが、そのなかに生まれたばかりのヒヨコの写真があって、実際にはその可愛らしいヒヨコたちが、年に何百万羽も私たちの想像を絶するような扱いを受けているのは皮肉なことです。採卵鶏や卵を採取するための鳥は孵卵場の人工孵化器で生まれます。雄は商業的価値がないので生まれてすぐに殺処分されます。大型の粉砕機で生きたまますりつぶされることもあれば、ガスで殺されることや、処分雄用の箱に投げ入れられそのまま放置されることによって窒息や脱水症状で死に至る場合もあります。[81] 約八〇%の工場式の採卵養鶏場の雌は、バタリーケージと呼ばれる書類収納キャビネットほどの大きさの金網製のケージに、一ケージ当たり平均六羽ずつ詰め込まれます。[82]

雌鶏は生涯をこのバタリーケージで過ごします。[83] そこで食べ、眠り、排泄をし、羽を広げることさえできません。ケージは底面も金網でできているので、排泄物はそのまま落下し、足が網目に絡むこともしばしばです。ケージの側面と天井の金網で羽毛がこすられ体には傷がつき、精神障害をきたして羽が抜けて出血するまで自分の体を金網にこすりつける鶏もいます。バタリーケージは極めて残酷な飼養方法であり、多くの国では近年バタリーケージを禁止し始めています。アメリカでも州によってはバタリーケージを禁じているところもありますが[84]、それでもいまだに広く採用されています。

雌鶏は昔と比べて二〇倍から三〇倍もの数の卵を産めるように遺伝子操作されています。[85] そのため雌鶏の骨に含まれるカルシウムが卵殻の形成に不均衡にまわされることになり、その結果骨がもろく、すぐに折れてしまうようになります。不自然にたくさんの卵を産ませるという人工的な選択が引き起こすもう一つの弊害は、子宮脱です。卵が子宮壁で詰まると、産卵の勢いで子宮までもいっしょに押し出されてしまいます。その後子宮が体内に戻らないと、他の雌鶏にくちばしでつつかれ大量に出血したり、感染症で死んだりしますが、いずれにしても子宮脱になった雌鶏は二日くらいで死に至ります。[86]

雌鶏が、もう利益を生み出すほどに産卵しないと判断されると、時にはまとめてケージからつかみ出され、弱くなって金網に絡まった足はしばしばもぎ取られます。採卵鶏が一歳ほどの場合にはそのまま屠殺場送りとなるのです。[87]

砕木機による殺処分は人道的なのか狂気なのか？

ロサンゼルス・タイムズ紙は二〇〇三年サンディエゴのとある採卵養鶏場の労働者のことを記事にしました。それは、彼らが「鶏をバケツですくって［砕木機に］入れ、残留物といっしょにすり潰し、混ざったものを山のように積み上げていた」というものでした。ロサンゼルス・タイムズ紙によると、アメリカ獣医師会動物福祉委員会のメンバーであり、獣医師のグレッグ・カトラーがこの方法を認可したとのことでした。[88]この出来事の直前、養鶏場の経営者たちがニューカッスル病（鳥類のウイルス性感染症）の集団発生にどう対処するかを話し合うため会議を開き、カトラーはそこに出席していました。カトラーはロサンゼルス・タイムズ紙に「狂気じみたアイデアでは決してない。疫病への対処法を考えるのに必死だった。」と語りました。しかし、サンディエゴで砕木機に放り込まれて死んだ三万羽の鶏は、ニューカッスル病に感染してはおらず、ただ単にもう卵を産めないだけだったのです。それにもかかわらず、カトラーと他の獣医師たちは砕木機による殺処分を認め、しかもそれを人道的な方法だと主張した、とある養鶏場経営者は語りました。結局、カトラーは告発されず、サンディエゴ群地方検事は当該採卵養鶏場を動物虐待の疑いで調査しましたが、養鶏場主は専門家のアドバイスに従っただけで、罪を犯す意図があったという証拠は見出せないと結論づけました。

乳牛の苦悶

牛乳を生産するのに牛を苦痛にさらすことはないから、乳製品の生産は動物搾取には当たらないと当然のように思っている人が多いようです。この「当然」というのは重要な意味を持つ言葉です。なぜなら、現代におけるすべてのカーニズムのやり方で生産された製品と同様に、牛乳製造の方法も決して当然なことではないからです。

アメリカでは多くの乳牛は酪農場で、首を鎖でつながれ牛舎の狭く仕切られた檻に閉じ込められるか、屋外で過密状態に囲われた肥育場で飼養されます。肥育場では牛たちには柵に沿って設置されたベルトコンベアから飼料が与えられ、牛たちが立ったり横たわるコンクリートの床は尿や糞便にまみれています。[89]

乳牛は、乳量を最大限にするために、遺伝子組み換え成長ホルモンを注射され、毎年人工授精させられます。[90] アメリカの酪農場では通常、乳牛は一年のうち妊娠期間も含めて一〇か月間も搾乳器で乳を搾られます。[91] この継続的な妊娠と搾乳は牛にとっては大きな負担で、結果跛行になったり、乳房の広範囲で炎症を起こす乳房炎を起こしたりする乳牛が数多くいます。また、体の機能を使い果たしてしまうので、体力を保持するための代謝のプロセスが追いつきません。そのため、本来牛は草食動物で牧草を食べる生き物ですが、体を酷使させられる乳牛には穀類や、血液製剤やゼラチンや獣脂などを含む高タンパク質な動物性飼料を補助食品として与えられます。[92]

乳牛が味わう肉体的苦痛は著しいものの、毎年出産後に経験する情緒的なトラウマが最大の苦しみであることは、おそらく間違いないでしょう。生まれてきた子牛が雄の場合は仔牛肉に、[93] 雌の場合には乳牛にされます。前述したように、母牛と子牛の間には深い絆が存在し、自然環境の中では母牛が子牛を一年近く面倒をみます。しかし酪農場では、母牛は人間の消費のために乳を出さなければならないので、子牛は通常生誕からほんの数時間で母牛から引き離されます。母牛がヒステリックになるので、子牛を無理やり力ずくで引き離さなければならないこともよくあります。母牛を怒らせないために、搾乳時に牛舎内の別の場所に連れてゆき、その間に子牛を取り上げることもあります。人間の母親がそうであるように、搾乳から戻ってきた母牛は子牛が見当たらないと、たけり狂って絶望します。何日も大きな声で咆え、必死で子牛を探し回り、時には悲嘆のあまり凶暴化し、農場の労働者に突撃したり蹴ったりもします。母牛が牛舎を抜け出し、何キロも先の別の農場に子牛を探しに行ったという実例さえいくつもあるほどです。[94]

牛の本来の寿命はおよそ二〇年ほどですが、乳牛は酪農場でたった四年過ごしたあと用無しとされ屠殺場に送られます。[95] アメリカで生産されるほとんどの牛ひき肉はこうした乳牛たちの肉なのです。[96]

仔牛肉

赤ん坊には弱い、という人は多いのではないでしょうか？　そしてそれが牛の赤ん坊であっても、です。生まれたばかりの子牛を一目見たら心を打たれ、その無邪気ではかなく無防備な存在を思いやる気持ちになるのではないでしょうか。実際まだ足元がおぼつかない様子の子牛は、子供向けの絵本にもよく登場します。では、年に一〇〇万頭近く生まれる酪農業界の不要な副産物である子牛が悲惨な境遇に置かれることを人々が知った時、どれほどのショックを受けるか想像してみて下さい。事実、酪農業界が存在していなければ、仔牛肉産業もおそらく存在していなかったことでしょう。[97]

酪農家にとって、乳牛は乳製品のために飼育されているので、そこから生まれる雄は役に立たず、基本的には廃棄処分の対象です。雄の子牛は誕生してからたったの数日、ひどい時には数時間でトラックに載せられるのですが、まだ歩くのもままならず引きずられていく子牛もいます。このやり方は今になってやっとUSDAからも非人道的だとみなされるようになりました。[98] トラックに載せられた子牛は家畜市場で競売にかけられ、仔牛肉生産業者にたった六〇〇〇円足らずで売られるのです。[99] せり場の人垣のなかの子牛は文字通り生まれたばかりなので、体がまだ羊水で濡れていて、へその緒がぶら下がっているのも珍しいことではありません。[100]

子牛はその短い生涯を―数日で屠殺されることもありますが、たいていは一六週間から一八週間は生きることになります―首は鎖や縄で繋がれ、狭い檻に監禁され、ほとんど身動きをとることができません。*[101] そして肉を仔牛肉の特徴とされている明るいピンク色にするために、鉄分が欠乏した人工的な餌を与えられ、慢性の貧血状態にさせられます。仔牛肉として育てられる子牛は生涯ほとんど体を動かすことができず、病気がちでもあり、極度のストレス状態にある家畜が見せる異常行動―頭を異常なまでに振る、こする、蹴り上げる、引っ掻く、噛む―をとることもありますが、彼らの置かれた状況を考えるとまった

＊子牛を監禁するクレート（狭い檻）はEUとアメリカの一部の州では禁止されています。[102]

く不思議ではありません。
屠殺法も他の家畜とほとんど変わりません。切り刻まれる前に本来であれば失神しているべきですが、[103] またしてもスタニング処理はまったくもって不完全です。エイスニッツがインタビューしたある作業員は、その工程を次のように話しました。

その日の朝、子牛たちのせいで作業に遅れが出ていたんだ。素早く処理するために、僕たちは子牛たちを八頭から九頭くらいまとめてスタニングボックスに入れようとしたんだよ。ボックスの中に入り始めたところで僕たちは屠畜銃で撃つんだけど、子牛は飛び上がったりして、それぞれの体に積み重なってしまったんだ。どの子牛に命中したか、どれが一度も撃たれていないか、僕らは分からなくなってしまって、結局下のほうの子牛たちを撃つのを忘れてしまったんだ。いずれにしても彼らは全頭吊るされて、生産ラインに進むんだ。のた打ち回って叫んでいたよ。まだこんなに小さいのに―生まれてたった二週間か三週間だ―自分で殺すのが嫌になって、子牛たちに僕の前をそのまま通り過ぎさせたんだ。[104]

ここで言えることは、究極的にはカーニズムの信念体系最強の防衛機制でさえ揺るぐ瞬間があるということではないでしょうか。

シーフード？　シーライフ？　魚と水生動物

魚や海で獲れる生物[*]を自分とかけ離れたものに感じ、その身体を肉だとさえ考えない人は多いです。例えば、肉食の人[**]がベジタリアンに対して「じゃあ魚しか食べないのですか？」と尋ねることはよくあります。私たちは、水生動物の身体を肉と認識しない傾向にあります。なぜならそれらは植物でも鉱物でもないが、だからといって動物としては考えないからです。そして、水生動物には自分の命が大事だという感覚さえもないと拡大解釈するのです。こうして私たちは、リンゴを木から摘み取るのと同じくらい簡単に、海の生物も水中にある植物の変種くらいに思って摘み取っているのです。

しかし、水生動物は本当に私たちが想像するように心を持たない、無感覚な生物なのでしょうか？　世界中の数多くの神経生物学者、動物行動学者そして科学者によれば、そ

＊水生動物とは海水域と淡水域に生息する動物のことを指します。しかし水生動物の大部分が海に由来することと文章を煩雑にしたくない思いから、本書では私は海という言葉を使っています。

＊＊第二章でも触れましたが、「肉食の人（ミートイーター）」という言葉は、動物性食品を消費するという現象を正確には意味していません。「動物性食品消費者」がより適切なのですが、聞きなれない言葉の頻出で読者が行き詰まってしまわないよう、本書では「肉食の人（ミートイーター）」を使うことにしました。

うではありません。魚や他のあらゆる海の生物は知性も、痛みを感じる能力も持ち合わせていることを明らかにした膨大な数の研究があります。例えば水生動物の知能に関する調査では、魚は少し前に経験したことを忘れませんでしたし、それどころか少なくとも三か月は記憶保持できることが証明されました。[105] さらに、オックスフォード大学の科学者テレーザ・バート・デ・ペレラ博士は、魚が自分たちの生息する環境についての「頭の中の地図《メンタルマップ》」を発達させていて、それによって環境を把握し、変化を知ることを解明しました。その能力はハムスターの認知能力を超えるのだそうです。この研究結果を受けて、イタリアのモンツァ市は小さな金魚鉢での金魚の飼育を禁じました。[106] ロブスターの中には人間よりも長寿の個体がいますが、彼らは触覚に四〇〇種類以上もの化学物質の受容体があり、マサチューセッツ州にあるウッズホール海洋生物学研究所のジェル・アテマ博士によると、おそらくその触覚を用いてロブスターは性別、種、そして他の個体の気分までをも感知しているであろうということです。

この章の始めで指摘したとおり、科学者たちが研究を通して甲殻類にも感覚器系が存在することを実証してくれたおかげで、これらを保護する目的の法律などが制定されるようになりました。同様に他の水生動物も痛みを感じるという証拠が数多く集積してきています。魚が、体のさまざまな部分にいくつもの痛覚受容体を持っていて、人間にとってのエンドルフィンのように痛み止めとして機能する神経伝達物質を放出することを、研究者たちは発見しました。[107] こんな実験結果があります。ロスリン研究所とエジンバラ大学の研究者たちは、魚の群れの中の一グループの魚たちの口に痛みを伴う酸性物質を注射し、別グループの魚たちには生理食塩水を注射しました。最初のグループの魚たちは、蛇行運動で泳ぎ始めたのですが、これは「ストレスを感じている哺乳類が（…）示す動作に著しく似通っていた」のです。さらに、このグループの魚たちが苦痛を感じていることは明白でした。彼らは口を水槽の中の砂利や壁面にこすりつける動作をし、エサを食べ始めるのにもう一つの対照実験グループの魚たちよりも三倍も時間がかかったのです。（この実験は、人間の楽しみのために魚の口に釣り針を突き刺すことは動物虐待だと批判する動物の権利の擁護者が、趣味として行われる釣りに対する倫理の議論を喚起するきっかけになりました。）

水生動物が痛みに対して心的外傷後反応を示す可能性があることを示唆した、もう一つの研究を紹介しましょう。この画期的な研究で、パデュー大学とノルウェー獣医科大学の科学者たちは、魚にアルミ箔ヒーターをつけて群れを二つのグループに分け、一つのグループの魚たちにはモルヒネを投与しました。そして、アルミ箔ヒーターの温度を上げ、魚たちの反応を観察したのです。（この実験において魚は永続的に苦痛を与えられたわけではありません。）科学者たちは最初、モルヒネは熱さに対する耐久性を高めるだろうと推測していました。しかし結果的には、モルヒネを打たれたグループもそうでないグループも、すべての魚たちが同じ温度に達した時に身をよじり始めたのです。この実験により、身をよじる動作は単なる反射的な反応であって、痛みがそうさせるのではないと科学者たちは結論づけました。しかしその後のことです。実験が終わり魚を元の水槽に戻すと、モルヒネを投与されなかったグループの魚たちは、不安や警戒心の表れである自己防衛的な振舞いを見せるようになったのです。その様子を観察した科学者たちは、魚たちは痛みに対する心的外傷後反応をしていると解明しました。魚も、人間と同じように痛みを経験したことにより恐れをいだくということです。

こうした事実にもかかわらず、アメリカでは毎年四七〇億もの水生動物が主に人間の消費のために殺されています。[108] 彼らを捕獲、飼養、殺すのに商業漁業と養殖業の二種類の方法があります。[109] その両方のやり方が水生動物に多大なる苦しみをもたらし、環境にも甚大な被害を引き起こしています。

商業漁業が原因で世界で水産資源あるいは系統群の九〇％が枯渇しているのみならず、[110] 他の動物種にも深刻な怪我を負わせています。漁業の方法の一つに、海底で長い網を曳いて魚を獲るやり方があります。この漁法では網に捕獲対象でない動物がかかってしまう「混獲」が多発します。[111] 毎年、鳥類、ウミガメ、イルカ、捕獲対象でない魚などを含む、推定三〇〇〇万トン以上もの海に生きる動物が混獲され、死んでしまったか死にかかった状態で海に戻されます。また海に放置された網は、たまたま近寄ってしまった海鳥や水生動物にとって罠となります。[112] 網の代わりに、ダイナマイトやシアンを用いる漁場もありますが、これらの漁法は生態系全体を破壊してしまいます。[113] このように商業漁業は海洋生物多様性への脅威となりうるので、「水面下の皆伐〔対象となる区画の木をすべて伐採すること〕」とも呼ばれているのです。

海の生物多様性を守るために、商業漁業で獲れた魚よりも養殖魚を好んで食べる人たちもいます。しかし養殖魚に与えられる餌のほとんどもまた海で獲られています。約〇・五kgの養殖サーモン（アメリカでは養殖サーモンが三番目によく食べられている）を育てるのに、推定で最大約二・三kgの餌となる魚が必要です。養殖魚は、魚にとってのCAFOである水槽で飼養され、アメリカでは消費される魚全体の二一％、世界では四七％がこうした養殖魚です。[114] 養殖にも、人工的に管理された屋内環境で飼養する陸上養殖と、海岸線付近などで行われる海面養殖の二種類の方法があります。どちらの養殖法も、何万もの魚や他の水生動物を寄生虫や病気が蔓延する水槽にすし詰めにします。病気予防、成長促進、繁殖能力の向上のために、養殖魚には抗生物質、殺虫剤やホルモン剤が与えられ、これらのものの中には遺伝子操作された物質も含まれています。[115] 魚の体内に入った化学物質はいずれ自然環境に浸出し、最終的には私たち人間の消化器系および自然生態系へと還元されるのです。海面養殖では魚が大型水槽から逃げ出すことは決して稀ではありませんが、その場合には、養殖魚が海中で病気を広めたり、繁殖することによって遺伝子攪乱を引き起こしたりする恐れがあります。[116]

魚の屠殺法は多岐にわたります。[117] 商業漁業で捕獲された魚は、陸揚げされたあと窒息死するまでそのまま放置されることが多いです。養殖魚の場合は、たいてい水槽からポンプで吸い上げられ、解体作業場に積み上げられます。そして、感電によるてんかんのような発作を引き起こさせて殺したり、こん棒で頭に打撃を与え気絶させたり、凍死するまで氷の上に放置したり、窒息させたり、釘を頭部に突き刺したりとさまざまな方法で殺されます。水産食品の生産工程における暴力は独特ですが、こうした工程をかいま見たとしても特段気にする人はあまりいないでしょう。ですから、カーニズムのシステムの主たる防衛機制である不可視性は、水生動物を取り巻く環境においてはそれほど重要な役割は果たしていないのです。多くの人は豚の屠殺場面を見た時とは違い、魚の屠殺を見てもトラウマにはなりません。水生動物は見かけが私たち人間と本質的に異なっていてエイリアンのようなものなので、たとえ魚が苦痛に悶えているのが明白であっても、それが見えない程遠くの存在に感じてしまうのです。

思いやりのあるカーニズム　「人道的な」肉、卵、乳製品

近年、現代の畜産に内在する暴力への気づきが高まるにつれて、思いやりと正義という中核となる道徳価値とは真反対のやり方で運営されている畜産業界への支持から手を引く

という選択をする人が増えてきています。食肉業界は当然ながら人々のこの傾向への対策を模索し始め、食べられるために喜んで死んでいった動物を提供しているのだと人々に呼びかける少なからぬ数の業者が出てきました。こうして、いわゆる人道的な肉、卵、乳製品と呼ばれるものが製造されるようになりました。

「人道的」に飼養される家畜も多くはひどく苦しみます。体を動かすスペースは多少あっても、麻酔なしの去勢手術（肉の生産における）、雄のヒヨコの肉挽機での廃棄処分（卵の生産における）、出産直後の子牛との引き離し（乳製品の生産における）、といったように、結局は痛み、苦しみを身に引き受けているのです。そしてほとんどすべての家畜たちが最終的には屠殺場送りとなります。[118] それゆえに人道的なカーニズムの生産物という概念はまったく不合理です。

しかし、「思いやりのあるカーニズム」という概念がいかに馬鹿げているかということを認識するのは、カーニズムの枠組から一歩外に踏み出さない限り困難です。ですからこう考えてみて下さい。幸せで健康なゴールデンレトリーバーを単にその太ももが美味しそうだからという理由で屠殺するのは残酷だ、と多くの人は思うでしょう。それなのに、まったく同じことが他の種の動物たちに起こっても、私たちはそれを人道的と考えるようにすりこまれているのです。人道的な肉、卵、乳製品とか思いやりのあるカーニズムという言葉は、本当に語義矛盾です。

「節度を欠いた(…)拷問は止めなければならない、それをできるのは私たちのような人間だけだ」

韓国では、毎年何百万頭もの犬が食肉用に殺されます。犬肉売買は韓国政府によって公に認められてはいませんが、だからといってそれが非難されることもありません。英国のテレグラフ紙は二〇〇二年、食肉用として飼養される犬の運命を記録した記事を掲載しました。

檻飼いされている犬たちが発する悪臭とキャンキャン吠え立てる鳴き声は、吐き気をもよおす光景だ。犬肉取引で悪名高いソウルの牡丹市場にレストランを構えるリー・ワジンは、うれしそうにやってきて犬鍋の皿を白いプラスチックのテーブルの上に放り投げるように置いた。

ずらりと並ぶ店の裏通りには、食べるのに最も適していると言われる八か月の子犬たちが小さな檻に詰め込まれ、三、四段に積み重ねられている。

客は檻の中を見てどの犬を食べるのかを選ぶ。その後犬は薄っぺらいカーテンか回転ドアで仕切られた店の裏に連れていかれるのだが、その見るも恐ろしい死は

> 目には見えなくとも、音（鳴き声）は聞こえてくるのである。
> ほとんどの犬たちは、レストランの裏通りに無慈悲に積まれた犬檻に入れられる前は、韓国の片田舎の丘にひっそりと隠された養犬場で、劣悪な環境に耐え忍ぶ。子犬たちが一つのケージに一〇匹近く詰め込まれ、皮膚はただれ、虱にたかられているのは稀なことではない。
> 犬はその飼養方法と同じくらい非人道的に殺される。たいていは撲殺だ。韓国では、撲殺によってアドレナリンが分泌され、それが男性の性機能を活性化すると信じられている。
> 死んだり瀕死の状態になったら、犬は煮えたぎった窯に投げ込まれ、皮を剥がれ、顎をフックにかけられ吊るされる。そして料理人は、それからガスバーナーで照りをつけるのだ。[119]

韓国の犬肉売買はこれまでも動物の権利の擁護団体や外国人から激しい批判を受けてきました。しかし、犬肉に異議を唱える人々の多くは日常的に豚や鶏や牛などの肉を消費しているのです。

韓国の動物愛護団体の代表であるリー・ウォンボックは、「スーパーで犬肉が牛肉やハムと並んで陳列されているのを想像するのは身の毛もよだつ」と言いました。これに衝撃を受けたアメリカ動物虐待防止協会（ＡＳＰＣＡ）のブロガーたちが、リーの言葉に共鳴しました。ウォンボックと同じように彼らもまた動物虐待の現実に直面した時に湧き上がった感情を、声に出して表現したのです。*

通常の人は、この問題に自ら立ち向かうことはできないでしょう。なぜならば、アジアでは食用や毛皮のために殺される犬や猫がいて、そこではまったくもって恐ろしいことが行われているからです。何百万もの犬猫が生きたまま皮を剥がれたり、生きたまま熱湯釜で茹でられたり、中には生きたまま皮を剥がれた後に熱湯釜に放り込まれる動物もいるのです。この世のものとは思えないほど最悪で最も反社会的かつ、とてつもない規模の動物虐待がアジアでは起こっているのです。（…）多くの人は、自分たちが見たいものしか見ないし、聞きたいことしか聞きません。この非情な動物虐待がアメリカで起こっているわけではないから、無視してしまおうという傾向があります。しかし、海外の出来事だからといって、その事実が消えてなくなるわけではありません。私たちは現実逃避せず、苦しんでいる動物を助けるために共に立ち上がるべきです。
人間の消費のために殺される犬たちの、その短い生涯は本当に哀れなものです。（…）犬は野生動物でもなければ家畜でもありません。（…）世界中のすべての人が行動を起こすべきです。韓国の犬たちを助けてください。

私はこれまでに、世界中のあらゆる場所で虐待を見てきましたが、アジアで目にした人々の動物の扱いには桁違いの衝撃を受けました。いったいなぜこんなことが起きるのでしょう？　思うに、アジアの人々は動物愛護先進国の西洋では通常、犬猫は敬意を受けるに値する生き物として扱われていることを知ってはいるけれども、アジア社会がその風潮に足並みをそろえることを躊躇するからではないのでしょうか。

大多数の人がアジアでの出来事にまったく無関心であることを私は知っています。正直言って、それを責めることはできません。結局は、まともな人であっても、動物がそのような不必要で現実離れした虐待の対象になっていることを、夢にも思わないのですから。

世界中のあらゆる場所にいるまともな人は、動物虐待の現実がどんなに自分にとって悪夢となろうとも、この問題に立ち向かうべきです。

＊以下のコメントは私自身のものではありません。これらをオンラインに書いた人たちは間違いなく牛、豚、鶏といった動物の肉は食べるにもかかわらず、犬肉の製造・消費に関しては非難をしています。動物性食品消費者は大抵の場合、自分たちの信条と振る舞いが矛盾していることに気がつかないということが、こうしたコメントを通してはっきりと浮き彫りになっています。

この極悪非道な悪魔の仕業である拷問をただちにやめさせなければなりません。そしてそれができるのは私たちのような人間なのです。

もしも屠殺場の壁がガラス張りだったら

「もしも屠殺場の壁がガラス張りだったら、人々はみなベジタリアンになるだろう。」とはポール・マッカートニーの言葉です。マッカートニーは、もし人々がどのように肉が生産されているかという真実を知れば、これからも動物を食べ続けることはできないだろうと信じています。

しかし、私たちは既にその真実をある程度は知っているのです。食肉生産は厄介でクリーンでないビジネスであることを知りながらも、どれほど厄介なのかは知らないでおくことを選ぶのです。肉が動物の肉体に由来することを知りながらも、点と点を結ばないでおくのです。さらには、私たちは動物を食べながら、自ら選んでそうしていることに知らんぷりすることを選択しているのです。暴力のイデオロギーは、私たちが一部の不快な真実に気づきながらも、それにまつわる全てを無視できるように構築されているのです。この知りながらにして知らないという現象はあらゆる暴力のイデオロギーに共通します。そしてこれこそがカーニズムの本質なのです。

見ざる言わざる聞かざるの原理が、生産者と消費者の間で暗黙のうちに成り立つのは、暴力のイデオロギーにはつきものです。当然のことながら、畜産業は業界の秘密を長い間隠してきました。そして、彼らのその試みを容易にしているのは、私たち自身なのです。畜産業界が見るなと言えば私たちは目を逸らします。彼らが何十億もの動物が屋外の幸福に満ちた牧場で生きていると言えば、そんな光景を見かけることは決してなく、畜産業界の話は筋も通らないのに、私たちは疑問さえ持とうとしません。このように、私たちが彼らの仕事をやりやすくしていますが、それは私たちが実際に起きていることを知りたくないと考えるせいでもあるのです。

一方で、私たちは自由に考え行動する消費者として、情報提供に基づく決断を下す自由をほしがり、それを与えられるべきだとも考えます。しかし、そのような自由を手に入れるのは、そもそも自分たちが最初の段階で選択をしていることに気づかない限り、明らかに不可能です。目に見えないイデオロギーが私たちの信念と行動を誘導する時、私たちは自ら考えそれに従って行動する自由を奪うシステムの犠牲となるのです。

実際に起きていることを理解すること―システムの内なる仕組みに気づくこと―によってのみ、私たちは自由な選択ができるようになるのです。カーニズムという呼称を与え、食肉生産の現状を明らかにすることによって、システムの外壁《ファサード》の内側を見ることができるのです。シュローサーはこの点を大変巧みに表現しています。この章を締めくくるに当たって、食肉用と運命づけられた動物たちの生と死を記録した彼の旅の結末部分を引用するのが、最もふさわしいと思われます。

柵に沿って歩くと、牛がぽつぽつ近寄ってきて、こちらの目をまっすぐに見た。褒美が欲しいときの犬のようだ。何を思ったものか、微風、牛の群れ、低い啼《な》き声、雲ひとつない空、月明かりを浴び、工場から立ちのぼるもや（…）。そのとき、建物にひとつだけ窓があることに気がついた。ちっぽけな正方形の明かりが、二階のあたりに灯っている。窓から、この巨大なのっぺらぼうの外壁が隠している光景の一片が見えた。小さな枠の中を、鉤で吊るされた真っ赤な枝肉が、あとからあとから、現われては消えていった。[120]

第四章

巻き添え被害
カーニズムによる二次的な被害者たち

「事実は、ただ無視されたからといってその存在が消えるわけではない。」

オルダス・ハクスリー

第三章で私たちは、アメリカで食肉、卵、乳製品のために飼育されるもっとも一般的な動物たちの生と死を追ってきました。簡潔にするために、子羊、ヤギ、鴨といった消費量の少ない動物については触れませんでした。また、別の角度から見た際のカーニズムの犠牲者である重要な動物のグループに関しても述べませんでしたが、その動物は往々にして見過ごされがちな畜産業界の巻き添え被害者です。

これまで論じてきた豚といった家畜のように、これらの動物の大多数—数で言えば三億以上—が、目的を達成するための手段として、モノとして扱われます。他の動物と同様、利益が福祉より優先され、彼らが法によって守られることもほとんどありません。

こうしたカーニズムのもう一つの犠牲者たちは、食肉生産に関する議論の場でも注目されることはごく稀です。彼らもまた、見えないからではなく認識されないことによる不可視性の犠牲者たちなのです。それは人間という生き物、食肉加工工場で働く労働者、汚染をもたらすＣＡＦＯ近辺の住人、肉を消費する人、そして納税者です。それはあなたであって私でもあります。私たちが、健康、環境、そして年に一兆五〇〇〇億円以上もの税金（農業助成金）という代価を払い、カーニズムの二次的な損害を受けているのです。*[121]

食肉加工工場の労働者たちは、**文字通り朝起きてから夜眠るまでずっと、床は血や脂にまみれた、すし詰め状態の工場内で過ごします。[124] 解体ラインの情け容赦のない作業スピードのせいで、労働者たちは絶えず重傷を負ったり命の危険にさらされています。[125] ＣＡＦＯで働く人たちは、濃縮廃液から発生する有害なガスに暴露され、深刻な呼吸器疾患、生殖機能障害、神経変性疾患を患ったり、発作を起こしたり、昏睡状態に陥ることもあります。[126]

このような密集し危険な労働環境は労働者たちに他にもさまざまな病気をもたらしますが、[127] 彼らが治療を受けることはほとんどありません。なぜなら、工場にとっては労働者たちの健康に配慮するよりも具合の悪くなった人には早々と居なくなってもらうほうが経済的だからです。他の動物たちが人間の命令に従わないと電気突き棒で突かれるように、畜

*食肉加工関連企業は二〇一四年農業法のもと直接的な経済援助は受けられませんが、緊急時や災害時の救済措置は適用され、その名目で一九九五年から二〇一六年の間に一兆二千億円がかかっています。[122] ＥＵでも同様に、約四兆円の助成金が畜産関連企業に支払われ、年度予算の約一九％を占めています。[123]

**酪農業や採卵養鶏業における施設も食肉加工工場とほぼ同じような状況です。

産関連工場の労働者たちも会社側の要求に応えられない場合は、精神的にも肉体的にもさいなまれるであろうことは特に驚くべきことではありません。[128]

ＣＡＦＯ近辺の住人は、亜硫酸塩や硝酸塩などを含む工場からの廃棄物による毒性物質にさらされています。これらの毒素は空気や飲み水を汚染し、慢性のぜんそく、眼刺激症、気管支炎、下痢、ひどい頭痛、吐き気、突発性流産、出生時の先天異常、乳児の死亡、そしてウイルスや細菌による集団感染を引き起こすことがあります。[129]

アメリカの三億二八〇〇万人を超える肉、卵、乳製品の消費者は、そうとは知らずずらりと並ぶ数々の汚染物質を体内に取り入れているのです。動物性食品にはしばしば合成ホルモンが加味されていますが、その中にはさまざまな癌の発症と関連づけられているものもあり、ＥＵでは人間も動物も消費することが禁じられています。[130] この他にも、大量の抗生物質、発癌物質として知られる毒性の殺虫剤、除草剤、防カビ剤、死をもたらす可能性のある細菌とウイルス、石油、毒死したネズミ、ゴミ、体毛、糞便などが含まれていたりします。[131]

エリック・シュローサーは自身のベストセラー本『ファストフードが世界を食いつくす』で、カーニズムの二次的損害の本質を「汚染された食肉」という言葉で表しています。シュローサーは特に糞便の混入に関して言及しましたが、この章では単に糞便だけではなくそれ以外のものも取り上げます。それは腐敗から病気まで、私たちが口にする肉、卵、乳製品を汚染するすべてのものを指します。それはこの病んだシステムの廃棄物なのです。

どのようにしてこうした汚物が食肉に紛れ込んだかという話は、カーニズムや他の暴力のイデオロギーの中核をなす話でもあります。というのもシステムは、間接的な犠牲者、つまりシステムのもたらす結果に苦しむだけではなく、知らぬまに自分自身を犠牲にすることに手を貸してしまう、無意識の犠牲者によって支えられているからです。システムは、私たちが危険であることに気づかず安心感を持ち、抑圧されていることが分からず自由に感じるよう見せかけることによってこうした犠牲者を作り出します。どのようにして汚物が食肉に紛れ込んだかという話は、カーニズムにおける人間の犠牲者たちの話なのです。

私たちはどれだけ安全なのか？

一九〇六年、アプトン・シンクレアは食肉加工業界の実態を暴露し話題を呼んだ『ジャングル』を出版しました。この本は畜産業界の腐敗と、食肉加工工場と屠殺場を特徴づける非衛生的で危険な労働環境を詳細に記録したものです。シンクレアは、労働者たちが一センチ以上も血が溜まった所に立って働いている様子や、屠殺場の床にはネズミが生きているのも死んでいるのもウヨウヨいて、中には肉と一緒に加工されるような場面を描いています。労働者たちは、指を切り落としたり、獣脂を溜める大きな桶に落ちる危険と常に隣り合わせで、その桶に落ちたら「ときには数日間、放置されたままのこともあって、誰かが気づいたときには、骨以外のすべてがダラム社のリーフラードとなって市場に出回っている」のです![132]。『ジャングル』は、食肉加工工場の現状をおぞましく嫌悪感に満ちた表現で曝き出したので、一般市民や政策立案者の憤りを呼び起こしました。こうして広く行きわたった公衆の怒りは、やがて連邦精肉検査法と純正食品医薬品法という法律の制定に結びつき、これにより屠殺場と食肉加工工場での定期検査が義務化されたのです。

多くの人が『ジャングル』という本とそれが食肉生産を規制する法律に影響を与えたことを知るようになりました。しかし、これらの法律がほとんど施行されず、『ジャングル』が出版されてから何十年経っても工場の状況がほとんど改善されないということを知る人はごくわずかです。実際のところ、今日いろいろな意味で状況は悪化しているのです。より大規模な工場やより高速な加工技術の出現に加え、連邦検査官の数が不十分なことによって、畜産業界で働く労働者の負担は増え、施設内は以前にも増して過密地帯となり、警備がしにくくなっているのです。

感染症、検査そしてUSDA

畜産関連工場の検査は近距離および遠距離の二段階で行われます。一九〇六年に制定された連邦精肉検査法に従って、USDAの検査官は近距離つまり工場内部で、動物の内臓や他の部位が病気に罹っていないか、設備や機械には病原菌が付着していないか、内臓を取り除いた胴体部分に汚染の予兆や虫などはないか、壁や作業場の衛生状態は適切かなどを確認します。しかし、一九八〇年代に新しい法律ができ管理体制の負担が政府から工場に委ねられたのです[133]（近年ではトランプ政権は、工場につき必要な連邦検査官の数を半分近くに減らすなど、状況をさらに悪化させました）[134]。つまり、連邦検査官ではなく工場の従業員が内部検査における主責任を負うこととなったのです。そしてそれらの従業員というのは、公的なトレーニングは受けておらず、さまざまな汚染や病気の兆候を見極めることができませんし、多くの場合何かに気づいたとしてもそれを伝えるのに十分な英語力もないのです[135]。この新しい法案が可決されて以降、いくつかの工場で調査が行われましたが、工場従事者である検査員はUSDAの札がついている肉片は不良品であるということさえ知らず、また嚢虫がいる兆しも認識できなかったということが明らかになりました[136]。これらの調査ではさらに、工場の検査員は膿瘍があっても、うみが出ていなければそれが感染症と気づかないということも示されました。私たちの国（アメリカ）の食肉加工工場では、汚染された食肉というのは例外というよりもお決まりのことのようにさえ思えます。小売り肉のサンプルで行った最近の大腸菌調査では、七六・七％の七面鳥のひき肉、六三・四％の鶏肉、四七・三％の牛ひき肉、そして三三・八％の豚肉の切り身が汚染されていました[137]。フードプロテクションジャーナル誌に掲載された研究によると、小売市場とインターネットで仕入れた魚の切り身の八五％にも汚染が確認されたとのことです。[138] それよりも、ＷＨＯ（世界保健機関）は、致死性ウイルスである鳥インフルエンザは、感染した鳥の糞便を介して広がる可能性があると警告しています。[139]

もし工場労働者が汚染された動物の体の部位を認識できたとしても、食品の品質基準が低いので、欠陥のある屠殺体の多くが検査を通過することでしょう。[140] ガーディアン紙とＴＢＩＪ（英国の調査報道機関）が共同で行ったアメリカ政府の非公開記録の調査によって明らかになった数々の出来事について、考えてみてください。例えば、「豚の内臓を取り除いた後の屠殺体が機械の停止によって工場の床に積み重なっており、油脂、血液、汚物などで汚染されていたり、食肉となるものが糞便とうみだらけで見つかったり（…）工場の床は排水口が肉片やごみなどが詰まったせいで汚れた水で溢れていたり、糞便だらけの鶏や、床に落ちた鶏を殺菌剤で洗ってそのまま生産ラインに戻す」[141] というのです。二〇〇七年、ＵＳＤＡは畜産業界が大腸菌で汚染された肉を「調理用」というラベルさえつければ販売してもよいとする判断をしたのですが、シカゴトリビューン紙はそこに至る経過を暴露記事として掲載しました。この「調理用」の肉は、学校給食の食材を含む調理済みの肉加工食品に使われるものでした。[142]

施設や機械の不衛生的状態も人間の健康に害を及ぼしている可能性があります。[143] 前述のガーディアン紙とＴＢＩＪによる共同発表の中には次のような記述があります。「人間の食物連鎖には不適当であると断定された病気の動物の肉が、食用として出荷用コンテナに積み込まれていたり、「レバー容器の中に家禽の腸あり。腸は約一六・五㎝で両端から糞便が染み出ていた」という検査官のメモがついた排泄物で汚れた肉があったり、豚の頭部が排水部のかなりの部分を覆ってしまい「血まみれの汚水がその辺一帯に広がっていた」り、検査官はステンレス製の手洗いシンクが「詰まって脂肪や肉片で血混じりの水が四分の一ほど溜まっている」のを発見した。この流し台で工場の労働者たちは手や手袋を洗っていた（…）」などです。

ＵＳＤＡから派遣されてきた検査官の中には、食肉加工工場の不衛生さに重大な懸念を示す人もいましたが、状態を改善するにはあまりにも非力でした。[144] 現行の検査システムの際立った不適切さに関しては、シカゴトリビューン紙の二〇〇七年の記事にも描写されています。ワシントンＤＣを拠点とする食品の安全を監視する団体フードアンドウォーターウォッチの上級政策アナリストのフェリシア・ネスターは、「検査官たちは（…）大多数の食肉加工工場に常駐しているわけではない。たいていの場合は、彼らは複数の工場を巡回しているのです」[145] と取材時に語りました。連邦政府職員の報告によると、こうした工場内の検査はもう何年もの間その目的を完全には果たしていない、検査官たちは仕事量が多すぎて、実際に現場で肉を手に取って調べるというよりは、その工場の書類にざっと目を通すことくらいしかできないのです。検査官は、食肉加工工場の危険分析・対策を監視するのに時間を費やし、ＵＳＤＡの検査規程を実施する余裕はないのです。ある検査官がトリビューン紙にこう語りました。「彼ら［食肉加工工場］は自社の対策を作り、そしてそれは彼らにとって都合が良いようにできています。私たちはそれを「監視」するのですが、まるで冗談のような話です。たいていは書類をチェックするだけで、そこには何を書いたってかまわないのですから。」

これらの話が何を意味しているかというと、収益を上げることを最大の目的とする畜産業界の企業には、取り締まりさえもその企業自身に委ねられているということです。まさしく盗人に鍵を預けているようなものです。最終的に私たちが口にする肉に汚物が付着していたとしても、当然のことかもしれません。

人間が屠殺マシンになる時

「肉はこれまで長いこと、自由自在に搾取できる自由を表してきた。」

ニック・フィデス『自然のシンボルとしての肉』

アメリカの食肉加工工場の多くの労働者たちは、中南米やアジアからの不法移民で、彼らは低賃金で働き、訓練がもしあったとしても、ほとんど受けていません。[146] シュローサーがインタビューしたある放血係（屠殺場の労働者）はこう語りました。「誰も何も―ナイフの使い方さえ―教えてくれなかった（…）だから自分の両側で作業をしている人を見て、同じようにするのさ。[147]」彼らは、まったく何の準備もできていない状態で作業をするうえに、搾取的で危険で不衛生で、そして暴力的な環境に身を置くことになるのです。一日に何時間も、死に溢れ、ストレスレベルの高い環境で働き、彼らもまた苦痛を覚えるのです。一日に二〜三秒ごとにナイフで切りつけ、一日に合計一万近くもの動物を切り刻むことを想像してみて下さい。[148] マザージョーンズ誌のインタビューで、シュローサーは解体ラインの容赦ないスピードについてこう語りました。

食肉加工工場での黄金律は「生産ラインは停止しない」ということです（…）機械の不具合、故障、事故など、何事も生産工程の邪魔になってはならないし、フォークリフト同士の衝突や電動のこぎりのオーバーヒートがあったり、たとえ労働者がナイフを落としてケガをしたり、倒れたり、気を失っても、頭上のコンベアに吊るされた屠殺体はゆらゆらと作業場内をめぐり、生産ラインは稼働し続けるのです（…）ある労働者がこう言いました。「ある放血係らが静脈を切って血が噴き出た時、そいつらは気絶する寸前だったが、いつものように用務員が漂白剤を持ってやって来て、床の血をふき取ってそれだけさ。ラインは止まらなかった。どんなことがあっても生産ラインは決して止まらないんだ。[149]

食肉加工がアメリカではおそらく最も危険な工場での作業であることは想像に難くないですし、[150]最も暴力的であることは疑いの余地がありません。例えば、労働者たちはホッケーマスクを着用しなければならないのですが、これはベルトコンベアで引きずられてきた動物がまだ生きていた場合に、蹴飛ばされて歯を失うのを防ぐためです。[151]連邦政府の労働安全衛生局（ＯＳＨＡ）が発行した事故報告書の中にある危険な状態の写真のタイトルは以下のようなものです。「飛んできた刃で首が掻き切られ搬送される／（天井吊りコンベアから）ぶら下がったフックに当たり目をケガする／肉叩き機に巻き込まれ腕が切断される／皮剥機のチェーンで首を切る／皮はぎ機に頭を潰され死亡／腸調理機に挟まれ死亡」[152]など。二〇〇五年に入り初めて、ヒューマン・ライツ・ウォッチが、アメリカのとある産業を批判する報告書を発刊したのですが、それが畜産業でした。批判内容は、その労働条件が基本的人権を侵すほどにひどいというものでした。[153]

条件づけられた（調教された）殺し屋

食肉加工過程が残酷であることを考えると、動物を殺すことを職業とする人たちはサディスティックな性質か、そうでなければ心的に病んでいるのではないかと推測しがちです。しかし、心的疾患やサディズムでさえ、暴力に長期的に晒されることによって引き起こされる結果であって、殺すことを職業にする個人に由来するわけではありません。どのような暴力のイデオロギーにおいても、殺すことを仕事とする人たちは、始めたばかりのころは慣れてはいないかもしれませんが、やがては苦痛に感じていた行為にも無神経になってしまうのです。そのような順応は、ある行動をそれに対して鈍感になるまで、あるいは麻痺するまで日常的に行うことでなる常套化という名の防衛機制を反映しています。人道的農業協会の主任検査官であるゲイル・アイスニッツが屠殺場の労働者にインタビューをした時、その人はこんな話をしました。

肉体的に危険な作業だということよりももっと嫌な、一番ひどいことは、感情が犠牲になることだ。豚を突き刺して殺す作業場に一定期間いると、あなただっていくら殺しても平気になるよ。豚の目を見ながら血だまりの中をいっしょに歩いたら、「あぁ、

食肉加工産業における作業中の危険要素

作業内容	器具と物	事故と怪我
スタニング	屠畜銃	重度のショック、穿刺
皮を剥ぐ、四肢の切断	ピンシャーデバイス	（手足の）切断、目の外傷、切り傷、卒倒
解体	解体用電動のこぎり	目の外傷、手根管症候群、（手足の）切断、切り傷、卒倒
脳の除去	頭部専用スプリッター	切り傷、（手足の）切断、目の外傷、卒倒
商品の運搬	スクリューコンベア、スクリューオーガー	骨折、切り傷、（手足の）切断、卒倒
切断、刈り込み、骨の除去	小型ナイフ、電動のこぎり、回転式のこぎり、帯のこぎり	切り傷、目の外傷、手根管症候群、卒倒
あごの骨と豚の鼻の除去	ジョーボーン，スナウトゥピューラー	（手足の）切断、卒倒
ベーコンの薄切り	ベーコン、ベリープレス	（手足の）切断、卒倒
肉の軟化加工	電動肉軟化器	重度のショック、（手足の）切断、切り傷、目の外傷
器具の掃除	ロックアウト、タグアウト	（手足の）切断、切り傷
巻き上げ、フック（足枷）かけ	鎖、ドリーアセンブリー	卒倒、家畜の胴体部分の落下
食肉の包装	密封器、ポリ塩化ビニル、肉	毒性物質への暴露、手と腕の重度の火傷、卒倒
家畜胴体部の運搬	家畜胴体部（内臓処理後）	肩と腰への重度の負担、卒倒
冷蔵、キュアリング、掃除、包装	アンモニア、炭酸ガス、一酸化炭素、ポリ塩化ビニル	上気道の炎症と障害

（出典：米国労働安全衛生局（OSHA）出版物）

こいつはそんなに醜い動物でもないな…」と思うかもしれない。もしかしたらちょっと撫でてみたくなるかもしれない。でも解体場にいる豚が近寄ってきて、子犬のように鼻を鳴らしても、たった二分後にはその豚を殺さなきゃいけないのさ—鉄パイプで殴り殺すんだ。いちいち気になんかしていられないんだよ。[154]

そして、作業員は感覚が麻痺するほど—「気になんかしていられなく」なるほど—、彼らの心的な苦痛は大きくなります。ほとんどの人たちは、動物を殺せば殺すほどトラウマ状態に陥るのです。例えば、戦闘退役軍人を対象にした研究では、とりわけ暴力に加担したことがある場合、「暴力にさらされた重大な影響が精神面に現れる」ことが何度も証明されています。[155]トラウマを負った労働者たちは動物と人間のどちらに対しても増々暴力的になり、自分の心への負担を麻痺させようと、中毒的に暴力にのめり込む場合もあります。アイスニッツがインタビューしたある労働者は、「工場長を解体ラインに逆さまにして吊るして棒で突く」[156]アイデアをどのようにして思いついたのかを語り、さらに次のように述べました。

ほとんどの豚の屠殺係たちは、暴行行為で逮捕されるんだよ。やつらの多くはアルコール依存症だったんだ。一日中生き物を殺し、蹴り飛ばすなんて、酒を飲まないとできっこないさ（…）みんな（…）酒を飲んで忘れようとするんだ。中には、感情を抑えきれずに配偶者を虐待する奴もいる。仕事が終わるとそんな重い気持ちを引きずって、それを忘れるために酒場に行くんだ。でも困ったことに、気持ちの処理をしたくて酒を飲んでも、しらふに戻ればまたあの感情が鎌首をもたげるのさ。[157]

もう一人の労働者はアイスニッツにこう語りました。

私は仕事のプレッシャーとフラストレーションを動物にぶつけました。解体場にこれから殺される運命の豚がいました。その豚は走り回ったわけでもなく、何も悪いことなどしていませんでした。ただ生きてそこにいただけです。私は長さ一ｍの大きな鉄パイプで、その豚を─文字通り叩き殺しました。頭の骨が五㎝くらいの破片になるまで（…）つまり頭を叩き割ったのです。豚を叩き始めたら、自分で自分を止めることができませんでした。そしてついに手を止めた時には、全身の力とフラストレーションを吐き出し尽くしていました。そしてこう思ったのです。俺はいったい全体何をやっているんだ、と。[158]

動物の倫理的扱いを求める人々の会（ＰＥＴＡ）が秘密裏に撮ったビデオには、労働者が豚の赤ん坊を床に叩きつけ、豚の臀部に突き刺す棒を自慢し、鉄の棒で豚を叩いている場面が映されていました。ある労働者は豚を鉄の棒で叩きながら「お前らが憎い！　このクソ野郎、苦しんで当然だ。苦しめって言っているだろう！　苦しめ！　苦しめ！　苦しめ！　苦しめ！　フラストレーションを発散させてやる！[159]」と叫んでいました。

食肉加工工場の労働者たちのこうした振る舞いは、行き過ぎていて理性がないように思えるかもしれませんが、それは行き過ぎていて理性のないシステムの第一線で働く人たちの労働環境がもたらす必然的な結果なのです。*　トラウマを負った作業員が今度は自分が他者にトラウマを負わせることになりますが、彼らもカーニズムという暴力のイデオロギーの犠牲者なのです。暴力は実にさらなる暴力を生み出すのです。

*屠殺場で働く作業員の中には、ソシオパスであるが為にその仕事に就く人がいることは疑いようがありません。ソシオパスとは反社会的人格障害を抱えた人で、良心が欠如しており、他者を傷つけることに喜びを感じます。しかしながら、極端な攻撃性、残忍性、暴力性といった反社会的な振る舞いが必要とされる産業自体に疑問を持たずにはおれません。

アンタッチャブルたち

ほとんどの人は、肉を食べる食べないにかかわらず、動物の屠殺工程に対して同じようにきわめて不快で攻撃的だと思っています。食べる肉の種類に対して嫌悪感を覚えるとその肉が触れた別の食物までも不快なものになってしてしまう傾向があります。(犬肉シチューから犬の肉さえ取り除けば、あなたはシチューを食べ続けますか?)この現象と同じように、屠殺工程のみならず、その作業を行う人も汚らわしいように感じるのです。[160]

さまざまな国の文化と歴史を通して、屠殺業は不浄で、彼らは動物を殺すという不道徳を行い、それによって他の人たちが道徳を犯さないですむように守っていると思われてきました。人間の社会的集団の中で、屠殺を行う専門の人々を特定し、彼らが他の人々と接触する前には「道徳的に浄化する」か、共同体から離れて生活するように要求されることもしばしばありました。たとえば北ローデシアのベンバ族の肉屋は、屠殺後にお清めの儀式を行いますし、カナリア諸島のかつての先住民族グアンチェ族の屠殺業者は、他の住人や同業者以外の人の家に立ち入りすることはできませんでした。また別の例では、一つの共同体全体が屠殺業に携わるしくみになっていることもあります。例えば日本では、屠殺業者は穢多と呼ばれ、他の住人たちと関わることは許されませんでした。インドでは不可触賤民は精神的に劣っていると考えられており、彼らは屠殺や皮なめしなど人間の心を「汚す」と信じられている仕事に就きます。チベットでは、屠殺業は仏教の不殺生戒を侵しているということで、最下層に位置づけられています。[161]

私たちの地球と私たち

もしあなたが、食肉産業で働いていなかったり肉を食べなかったとしても、私たちがともに住んでいる地球で畜産業界が行っていることの結果から逃れることはできません。現代の食肉生産は、大気汚染、水質汚染、生物多様性の喪失、浸食、森林破壊、温室効果ガス排出、そして淡水の枯渇といった、すべての深刻な環境破壊の主要な原因の一つとなっています。[162]

高度に工業化された世界では、食肉加工がもたらす最も直接的な環境への影響はCAFOによる汚染です。これらのCAFOが生成する大量の化学物質と病害が蔓延する廃棄物は、土壌や水路に浸出し、大気中に蒸発し、環境を汚してそこに住む人を病気にします。[163]

ＣＡＦＯから流出する物質は、呼吸器官系の疾患、重い頭痛、消化器官系の不調などの数々の病気との関連性があります。またＣＡＦＯからの廃棄物は、自然流産、出生時異常、乳児死亡、そして感染症の集団発生とも因果関係があります。このようにＣＡＦＯは人間の健康に弊害をもたらすので、実際にアメリカ合衆国公衆衛生局は毒性物質の投棄の一時停止を要請したほどです。[164]

それでも、畜産業界は彼らのやり方を絶え間なく押し通します。—それはそうすることが可能だからです。ＣＡＦＯが組織的に環境とその中に住む人間に負荷をかけても、畜産業界は必ずしも法律を犯していることにはならないからです。本来であれば搾取から人間を守るために作られた法システムが、それどころか逆に搾取を行っている産業を守る結果となっているのはどういうことでしょうか？　民主主義にいったい何が起こっているというのでしょう？

カーニズムの環境負荷[165]

・二〇〇六年、国連は畜産業界を「局地的にみても全世界的に見ても非常に深刻な環境破壊の最も重要な原因の一つ」とし、「甚大な影響を与えているので、緊急に対策を講じる必要がある」と警告しました。[166]

・二〇一九年、一一〇〇〇人の科学者からなる国際委員会は、壊滅的な環境破壊を防ぐために、世界中の人々が植物ベースの食生活（つまりヴィーガン）に変えていかなければならないと宣言しました。[167]

・畜産業は水質汚染の三大要因の一つとなっています。汚染の主な原因は、抗生物質、ホルモン剤、皮なめし工場からの化学物質、動物の排泄物、浸食した牧草の堆積物、家畜飼料に使われる肥料と殺虫剤です。[168]

・従来森林であったアマゾンの七五％以上が、今日家畜の餌となる牧草地へと転換されました。[169]

・アメリカで使用される殺虫剤の三七％と抗生物質の五〇％は畜産業界で使われています。[170]

・一人の人間が一年に消費する肉と畜産副産物を生産するのに、九〇〇〇キロ以上の穀物が家畜に与えられます。しかしもしその一人が（動物を介せず直接）穀物を消費すれば、一年で約一八〇kgの量で足ります。[171]

・畜産業界は、四億台のガソリン車よりも大量の二酸化炭素を年間で排出しています。[172]

民主主義か肉主主義か？

「官僚主義は大量虐殺を実在しなかったことにできる。殺しに関する情緒的で知的な風潮は消え（…）事象の流れ（…）しか残らない（…）そして人々は大量虐殺はどこにでもあってどこにもないと語るようになる。」

ロバート・ジェイ・リフトン『ナチスの医師たち』

暴力のイデオロギーには特有の言語があります。中核となる概念は、システムを持続させるために都合よく解釈されて、人々のためになっているかのように見せかけます。カーニズムが機能する世界では、民主主義は選択の自由があると明示していますが、それは私たちの体を蝕み地球を汚染する製品の中での選択であって、毒を体に取り込む恐れのない空気を吸い、食物を食べる自由ではありません。そもそも暴力のイデオロギーは、ごまかし、秘密主義、権力集中、支配―すべて自由な社会とは相容れません―に頼っているので、本質的に非民主的です。大きなシステムや国家が民主的に見える一方で、その中に潜む暴力のイデオロギーは非民主的なのです。これが、民主的と思われるシステムの中に存在する暴力のイデオロギーに私たちが気づかない理由の一つです。気づかないだけでなく、私たちはそれを探そうとも思わないのです。

民主的な社会では、政府の中心的な役割は、有権者にとって最も有益な政策と法律を制定し導入することです。それを前提にしているので私たちは、日常食卓にあがる食べ物が病気を引き起こしたり死にまで至らせるなどとは想像もしていません。私たちは政治家たちが彼らの給料を払っている私たち民衆のためを思って働いていると信じるゆえにそう思い込んでいるし、民主的なやり方は私たちに危害を及ぼすことから守ってくれるはずだと思い込んでいるのです。

しかしある産業の中で権力が一極集中した時、民主主義は崩壊します。カーニズムがその良い例です。アメリカの畜産業界では、ほんの一握りの企業だけで二三兆円にものぼる産業となっています。これらの企業は統合を重ねることによって大きな権力を持つようになりました。[173] 統合企業には次のようなものが挙げられます。殺虫剤、肥料、種などを製造する農薬や種苗の関連企業、家畜を買い取り加工する会社、肉・卵・牛乳を使って冷凍食品などを製造する食品加工会社、スーパーやレストランチェーン店を含む食品小売業、鉄道や船舶を含む輸送会社、製薬会社、トラクターや灌漑設備を手掛ける農業用機械製造会社、そしてさらには財務管理会社などです。経済学者は、ある産業において上位四企業の市場占拠率が四〇％を超えるなど市場集中度が高まると（ＣＲ４と呼ばれる）競争が失われ、消費者利益が損なわれるなど深刻な問題を引き起こすと警告しています。そうすると、複合企業が価格や例えば食品の品質を定めることさえもできるのです。食肉産業は、牛肉市場の八三・五%を四社の牛肉加工会社が支配するなど、CR4をはるかに逸脱しています。畜産業界に関して言えば、産業と政界との結びつきは深く、私益と公務の境目が不鮮明になるほど巨大な権力が行使されているのです。[174]

官民の癒着が起こるプロセスの一例は、企業幹部と政府高官が役職交換をして、繋がりを強固にする「回転ドア方式」です。二〇〇四年の例を挙げると、穀物検査・パッカー・ストックヤード管理局(GIPSA)―家畜と他の農産物のマーケティングを促進するUSDA内の部署―の現責任者及び前任者の両者が、食肉加工産業の取り引きグループと協力関係にありました。[175] また、当時のUSDA長官であったアン・ヴェネマンと他の高位に就いていた役人たちも、畜産業界それも特に本来監督するべきである産業と、昔からある親しい関係を持ち続けていました。ヴェネマンの参謀長デール・ムーアは、事業者団体である全米肉牛生産者協会(NCBA)の法務部の専務取締役でしたし、同じく事務次官のジェームス・モズリーはCAFOの共同所有者でもあり、米国議会次官補のメアリー・ウォーターズはアメリカ最大級の食肉加工企業であるコナグラフーズの立法顧問兼専務取締役でした。[176] こうした回転ドア方式の官民癒着体質は未だに変わっていません。二〇一七年、USDA農業マーケティングサービスの家畜・家禽・種苗計画の副部長職を一三年間務めたクレイグ・モリスは、全米豚肉委員会の国際マーケティング部門の副社長となりました。[177] 同年、USDA食品安全検査局に四〇年近く従事したアルフレッド・「AI」・アルマンザはJBSアメリカ社の食品安全と品質保証部門のグローバル統括に任命されましたが、JBSという企業はアメリカとカナダにおいては最大の牛豚肉加工業者であり、アメリカとメキシコでは第二の養鶏業者です。[178]

官民癒着のもう一つの理由は、食肉産業を通して流れる巨額の政治資金とロビー活動の成果です。二〇一八年、畜産業界は米国議会の候補者に七億円以上もの献金をしました。（そして大手畜産企業からの献金の多くが、下院と上院の農業委員会の手に渡るのはよくあることです）[179]。ロビー活動家たちは国会議員に自分たちが支持する団体の議題に便宜を図るよう働きかけます。こうしたロビー活動家の努力が報いられるかどうかは、政府高官との関係性の深さに大きく左右されます。ロビー活動家が政治家に贅沢なバケーションから特別なキャリアチャンスに至るまで、彼らが喜ぶようなものを提供できればできるほど、力になってほしい相手との関係性はより強まります。

手短かに言うと、食肉産業は自分たちの利益になるように立法に影響を与えることができ、そしてそれは私たちに大きな犠牲を強いるのです。例えば法律では、畜産業者から廃棄物が投棄され汚染があった場合、最低限そのいくらかでも除染することとなっていますが、数千億円企業に、かかった除染費用を負担させるとは規定していないのです。EQI

P（環境品質インセンティブプログラム）という、表向き農地と農家の環境品質と実践の改善を支援するために設計された連邦政府のプログラムが、除染の補助金を出しているのです。EQIPは畜産関連企業が投棄した廃棄物を処理するために、その基金の一一％にあたる一三五億円もの補助金を拠出しています。[180] 言い換えると私たち一般人が、二〇一九年のCEOの年収が一七億円であるコナグラフーズのような大企業が出した損害費用を肩代わりしているのです。[181] ですから、畜産業界への補助金は、アメリカにおける歴史上最もひどい企業助成政策として、もはや政治的領域を超えて批判されています。

二〇〇二年には、USDAの目に余る管理不行届きによる命を脅かす危険な大腸菌が公衆衛生への脅威となったことを思いだしてください。当時、大腸菌が混入したハンバーガーを食べた子供が感染症を発症しました。大腸菌が引き起こす感染症の症状は、発熱、嘔吐、血便、内出血、鼻や口からの出血、顔面や手の腫れ、高血圧、さらには腎不全です。牛肉を販売したコナグラフーズとUSDAの両者が肉が大腸菌で汚染されていたことを把握していたとされながら、感染症発生から二年が経つまで何の対策も講じず、同様の症例が頻発してやっと、既に市場に出回っていた八六〇万キロもの肉を回収せざるを得なくなったのです。[182]

もしあなたの子供が汚染された牛肉を食べて病気になった一人だとしたら、まわりの人たちにも肉の安全性について警告したくなるのではないでしょうか。そしてその行動は効果的でしょう、オプラ・ウィンフリーのような間違えさえ犯さなければ。ウィンフリーは肉に関する警告を発するという行動にでて、瞬く間に多くの人が彼女の主張を知るところとなりました。しかし一九九六年、ウィンフリーは牛肉を中傷したかどで、テキサス州の牛肉生産者グループから一一億円を超える損害賠償を求められました。当時は英国で発生した狂牛病騒ぎの真っただ中で、二〇人もの人が病気に感染していたとされる牛の肉を食べて死亡しました。そんな時ウィンフリーは生放送で、自分はもうハンバーガーを食べるのをやめると主張したのです。ウィンフリー事件以前に定められた「食品誹謗法」と農業団体の後ろ盾により、特定の食品を「合理的」かつ科学的根拠なしに批判することは違法となっています。ですから、食肉産業について何か言おうと思ったら、ある種の制限が、とりわけ米国憲法修正第一条に規定された権利への制限が、かけられることになるのです。

畜産業界が法を超えるだけでなく、法そのものになるほど権力を握ると（法を順守するのではなく法を形作る）民主主義は肉主主義に取って代わったと言っても過言ではないでしょう。

公衆衛生局長官からの警告：動物性食品の摂取はあなたにとって健康を損なうおそれがあります

コンビニエンスストアに行ってタバコを一箱買うと、その箱にはタバコがもたらす可能性のある健康被害に関する警告ラベルがついていることに気づくでしょう。しかし、ある調査によるとタバコによる健康被害を受けるのは中程度から重度のヘビースモーカーで、それはアメリカの全人口の一％にも満たないそうです。[184] 一方で、アメリカの成人の九七％以上が動物性食品を食べ、動物性食品の消費と病気の関連性を示す多くの研究があるにも関わらず、その危険性は警告されないのです。

疾病管理優先プロジェクトとは、WHO（世界保健機関）、アメリカ国立衛生研究所、そして世界銀行も参画している共同事業ですが、このプロジェクトから発表された研究によると、二型糖尿病の九〇％以上、冠状動脈疾患の八〇％、脳卒中の七〇％、そして大腸がんの七〇％は、健康的な植物ベースの食生活（ヴィーガン）を含めた生活要因の組み合わせによって防ぐことができる可能性があるということです。[183]

では、同じコンビニエンスストアで今後はホットドッグを買ったとしましょう。アメリカ合衆国公衆衛生局が、ハーバード公衆衛生大学やその他の主要研究機関等の調査を参考にし、動物性食品に警告ラベルをつけるのが適当だと判断したとしたら、そのラベルにはこのようなことが記されるでしょう。

・**公衆衛生局長官による警告：**赤身肉を一日一食摂取すると生食の場合、二型糖尿病を発症するリスクが一二％、調理してある場合三二％増大する可能性があります。[186] 一日に魚を二八g以上摂取した場合も同じく三二％リスクが上がる可能性があります。[186]
・**公衆衛生局長官による警告：**卵を一週間に五個以上食べると大腸がんのリスクが四二％増え、二個半以上食べると前立腺がんのリスクが八一％以上増える可能性があります。[187]
・**公衆衛生局長官による警告：**鶏肉の摂取はコレステロール値を赤身肉の摂取と同等に上昇させ、心臓病と脳卒中のリスクを高めます。[188]
・**公衆衛生局長官による警告：**前立腺がんと診断され、一日三食乳製品を摂取した場合、死亡率が一四一％に上がる可能性があります。[189]
・**公衆衛生局長官による警告：**食肉に加工された動物は、安楽死させられた猫や犬、レンダリングされた羽、ひづめ、毛、皮、血液、内臓、さらには道路で轢かれて死んだ動物、動物性肥料、死んだ牛の胃から出てきたプラスチックの未消化物、同種の家畜の死体などを餌として与えられていた可能性があります。

・**公衆衛生局長官による警告**：この食品は、人体にとって危険なレベルの殺虫剤、ヒ素、抗生物質、ホルモン剤を含んでいる可能性があります。

・**公衆衛生局長官による警告**：この食品は、疾病や死をもたらす微生物を含んでいる可能性があります。[190]

・**公衆衛生局長官による警告**：この食物の製造過程は、深刻な環境悪化、動物虐待、人権侵害を含みます。

・**公衆衛生局長官による警告**：この食肉には家畜の排泄物が含まれています。

もちろん動物性食品に関しては、それらが常に何億人もの人に消費されているという事実にも関わらずこのような警告は発せられません。暴力のイデオロギーはシステムを持続させるための独自の論理に従い、その論理は複雑で入り組んでいますが、ラベルをつけられた瞬間に解きほぐされるのです。

これまで述べてきたように、暴力のイデオロギー全般に見られる代表的な特質は不可視性で、それは（名づけないことによる）象徴性という意味でも、（暴力を隠し続けることによる）文字通りの意味においてもです。ですから、私はここでカーニズムの隠された側面に光を当てようとしているのです。そうすることによって、食肉、卵、乳製品の製造に関する真実と、なぜシステムが真実を見えなくさせるために全力を尽くすのかを、あなたも理解できるようにしたいのです。

そうは言っても、不可視性はそれほどに私たちの目に見えないわけではありません。私たちのまわりには真実をほのめかすものがたくさんあるではありませんか。食料品店にある「動物虐待フリー」のベジバーガー、突如生きている鶏を連想させる骨つきも肉の弾力のある静脈、その他にも時折ニュースで取り上げられる食肉加工工場の画像、会食時に居合わせたヴィーガンの人、中華街の店舗で窓越しに吊るされた子豚、職場のイベントのバーベキューで串刺しになった豚、そしてあらゆる場所でいつでも絶えることなく肉という形態で供給される死んだ動物たち。こうしたものによって不可視性が私たちの中で揺らぐ時、私たちには支えが必要になります。それは真実から私たちを保護し、カーニズムの極めて憂慮すべき現実に突然気がついてしまった時に、受けた衝撃から素早く回復する支えです。私たちは動物を食べるという現実を動物を食べるという神話に置き換えなければならないのです。

第五章

カーニズムの神話

カーニズムを正当化するために

「不条理を信じるならば、残酷なこともできる。」

ヴォルテール

「盲目的に権威を重んじることは、真理にとって最大の敵である。」

アルベルト・アインシュタイン

よく晴れたある午後のこと、食料品店前の触れ合い動物園はいつものように賑わってい ます。子供も大人も木製のフェンスに寄りかかり、中には身を乗り出して腕を伸ばす人もいます。私は、触れ合い動物園の子豚に持ってきたニンジンを一つ取り出し、撫でられるくらい近くまで子豚が近寄ってきてくれることを期待していました。なぜだかいつも、動物に実際に触れて交流したいという気持ちに私はかられます。動物に触りたい、撫でたいという本能のようなものです。

このような気持ちになるのは私だけではありません。子豚が差し出された食べ物を受け取り、その隙に子豚の頬や頭をちょっとでも撫でるチャンスを得た子供たちが、目を大きく見開いてキャッキャと喜びの声を上げるのを私は見ていました。動物の赤ちゃんが、撫でようとするたくさんの子供たちの手も気にせず、夢中になって餌をむしゃむしゃ食べるのを、大人たちが微笑みいとおしそうな眼差しで見つめるのも私は見ました。一頭の牛が注目を浴びて、周りに人だかりができているのに気がつきました。その牛が、私が手にしていた草を何気なく食べた時、なんとも温かい気持ちになりました。私がその牛のベルベットのような触り心地の鼻を撫でると、人々が寄ってきて次々と牛の頭や首に触れ始めました。

鶏までもが人々の興味をそそっています。子供たちはしゃがみ込み、囲いの隙間からパン切れを投げ込みます。鶏が地面に落ちたパン切れをついばみ、時々まわりの人々を観察するかのように頭を上げて首をかしげると、子供たちの顔は笑顔で満ち溢れました。見物人たちがふわふわのヒヨコがピーピー鳴きながらあちこち跳ね回るのを見て、なんて可愛らしいのだろうと言っているのは、なんら不思議な情景ではありません。

目を見張る光景なのですが、子供たちはくすくすと笑い手を叩き、父母たちはやさしく微笑み、そこにいるすべての人が豚や牛、鶏に触りたいし、触られたいと思っているかのように見えました。しかし、動物たちと交流したいと心から感じているこの人たち——自分たちが子供の頃『シャーロットのおくりもの』を読んで涙を流し、豚や牛の縫いぐるみを抱きしめて眠りについたであろうこの人たち—は、じきに食料品店に寄り牛肉、ハム、鶏肉、チーズでショッピングバッグをいっぱいにして帰途につくのです。農場の動物が苦しんでいると知ればおそらくなんとかして助けようとする彼らのような人々は、年間一一〇億頭もの家畜が自らの行動に一切の責任を負わない産業によって不必要に苦しんでいることに対しては、どういうわけか激しい憤りを覚えないのです。

私たち人間の共感という感情はいったいどこへいってしまったのでしょうか?

カーニズムを正当化する三つのN

ほんの数分前に撫でていたまさにその動物の肉、卵、乳製品を食べるために、動物を食べることは正しいことなのだと、自分たちがしていることを意識しないために完全に信じ込まなければならないのです。この目的のために私たちが教え込まれるのは、カーニズムのシステムを維持させている一連の神話を信じること、そして自分自身に言い聞かせる物語に矛盾点があったとしてもそれを無視することです。暴力のイデオロギーは、虚構を事実として行き渡らせることと、その真実を暴く脅威となりうる批判的な考えを阻止することによって成り立ちます。

肉食に関する神話は膨大な数に上りますが、それらすべての神話は何らかの形で私が呼ぶところの「正当化の三つのN」に関連づけられています。正当化の三つのNとは、動物を食べることが普通（Normal）で自然（Natural）で必要（Necessary）であるという考えです。この三つのNは、アフリカ人奴隷制度からナチスのホロコーストにまで及ぶ、事実上すべての搾取的な体制の正当化のために使われてきました。あるイデオロギーが絶頂期の時、こうした神話が精査されることは滅多にありません。しかし、イデオロギーに基づく体制がついには崩壊すると、人々は途端に三つのNを愚かに感じ始めるのです。例えばアメリカで、なぜ女性の投票権が否定されていたかということの正当化は、男性のみによる選挙は「先人たちによってそう決められたから」だとか、もし女性が選挙に参加したら、「州にとって（…）取り返しのつかない事態を引き起こし」、「国に大惨事と荒廃をもたらすだろう」というものでした。[191]

三つのNは社会意識に深くしみ込んでいるので、私たちの行動はそれについて考えることをしないまま導かれます。いわば三つのNが私たちに代わって思考しているということです。私たちは三つのNを完全に自分自身のものとして内面化しているので、その主張に沿って生活するのは、まるで、広く受け入れられている見解に従っているというよりも、普遍的な真実に従っているかのようです。それは車を運転するのに似ていると言えるでしょう。一度やり方を習ったら、いちいち頭で考えなくても体が反応するのです。しかし、これらの正当化は私たちの行動を指示するだけではありません。肉を食べる時に感じるであろう道徳的不快感を軽減します。もし自分たちの振る舞いに対して都合の良い言い訳があれば、たとえ悪い事をしても罪悪感をあまり持たないでしょう。本質的に三つのNは、精神と情緒を盲目にする機能を果たし、動物に対する自分自身の考えと実際の振る舞いの間にある不一致を覆い隠し、たとえその不一致に気づいたとしても、うまく説明づけてしまうのです。

神話をつくる人たち

心理的、情緒的なセーフティネットを形成するための虚偽であっても、真実を隠蔽するのにはエネルギーがいります。目の前の何が正しいかに気づかないままでいたり、自分自身の真の感情が表面化しないようにするためには、たゆまぬ努力が必要です。ですから、私たちは本当は真実を知ってもそれを無視することに長けても、知識と共感を断絶したままでいられるよう導かれ続けなければならないのです。

神話をつくる人たちはどういう人なのか踏み込んでみましょう。彼らは社会のあらゆる分野を占拠し、私たちが得る情報がそれがどこからであろうと三つのNを強固にするよう働きます。神話をつくる人たちはシステムの支柱となる機関であり、またそれらを代表する人々です。システムが確立されると、医学界から教育界まで社会の主だった機関がそれを支持します。おそらく、かかりつけの医師や学校の先生は、肉を食べることは普通で、自然で、必要であることに疑問を持つようには仕向けないでしょうし、親や牧師、選出議員にも同じことが言えるでしょう。信頼に値すると教え込まれた社会機関や専門家以外にいったい誰が私たちにより大きな影響力を持てるでしょうか？　権威ある地位につく人以外にいったい誰が私たちをより説得できるというのでしょう？

事実、専門家たちは暴力のイデオロギーを持続させるのに重要な役割を担っています。専門家たちがイデオロギーの主張を規範化するのはその一例です。カーニズムの場合、彼らは自分たちの政策や提案、そして振る舞いによって、動物に対する態度や行為を形成します。家畜豚が妊娠中に閉じ込められる約六〇センチメートル幅の檻である妊娠ストールに対して、全米獣医学協会（ＡＶＭＡ）は中立の立場であることを例に挙げましょう。[192]第三章でも述べた通り、このような監禁状態は残酷であるとして、多数の国や州では禁止されていますし、マクドナルドのような企業でさえ反対の姿勢を見せているのに、です。多くの獣医師たちが動物を食べ、皮製品を身につけていることについても考えてみてください。

専門家たちはまた、動物の扱いに関する討論においては「理性の声」を発する「合理的な穏健派[193]」という立場に立つことによって、カーニズムの主張を形成します。このような人たちは、イデオロギーの細かな部分に異議を唱えつつも総体的には支持をすることによってシステムに信用性を与えることから、「社交的な評論家」[194]と呼ばれています。専門家の合理的な穏健派という姿勢は、システムに挑む人たちを、それとは対照的な「理性のない過激論者」に仕立て上げます。合理的な穏健派によくある例は、工場式畜産のやり方に反対意見を持ちながらも、日常的に肉は食べる獣医です。

専門家たちが暴力のイデオロギーを持続させるもう一つの方法は、イデオロギーに賛同しない人たちを病人扱いしたり、彼らの信念を挫折させようとすることです。例えば、若い女性が肉を食べるのを拒むことを心理学者が摂食障害の前兆と捉えたり、医者がヴィーガン食について、真逆の研究結果が多く存在するにもかかわらず、その危険性を唱えることです。しかし、カーニズムの存続には専門家のこうした協力が必要不可欠ではありますが、通常彼ら自身は故意にイデオロギーを後押ししているわけではありません。専門家たちは単に自分の仕事を遂行しているだけなのです。そもそも彼らもこのシステムの中で育ったので、他の人々と同様、カーニズムのレンズを通して世界を見ているだけなのです。

しかし、カーニズムの神話をつくる人たちの中には、自分たちが作り出した物語に気がついていない人ばかりではありません。畜産業界や業界の幹部たちは、ポリシーや意見を左右する機関や専門家に影響を与えることでカーニズムの神話を積極的に支援します。アメリカの栄養学協会（ＡＮＤ）と全米酪農協議会の間に存在する協力体制をみてみましょう。[195]ＡＮＤはアメリカを代表する栄養士たちの団体で、栄養学の学位が取得できる大学の単位認定を監督する運営組織でもあります。栄養士として登録されるには、ＡＮＤ公認の教育機関を卒業しなければなりません。（従って、栄養学を学ぶということは、自然とカーニズム的栄養学を学ぶこととなります。）

全米酪農協議会は、ＡＮＤの「企業スポンサー」の一つです。ＡＮＤによると、企業スポンサーシップ制度は企業にとっては、「食や栄養の市場において思想的リーダーや決定力を持つ影響力の強い人物《インフルエンサー》と接触する機会」となるのだそうです。ＡＮＤは以下のようにも述べています。スポンサーになると「マーケティング目標を達成するためにメリットを存分に活用でき（…）購買意思決定に影響を与える重要な食と栄養のリーダーと交流ができ（…）ＡＮＤが非常に望ましいと考える対象消費者との間にブランドとの関連性を構築することができる」[196]と。つまり、全米酪農協議会のような権力のある団体がＡＮＤといった専門機関の「スポンサー」になっているということは、例えば乳製品の摂取によって環器系の疾病、さまざまな癌、そして糖尿病を患うリスクが増大するという研究結果があるにもかかわらず、一日に三杯のミルクを飲みましょう、と公に推奨することができる、という事実の説明にもなるのです。[197]

神話をつくる人は真実を歪めるのですが、彼らの根本的な役割は神話を作り出すことではなく、すでに存在する神話が人々に信じ続けられるよう確実なものにすることです。いわば彼らは神話を伝承し続ける回し者のようなものなのです。カーニズムの神話の多くは、遺伝のように代々受け継がれるのですが、体制自体がその集合体よりも巨大なので自然に消滅することはなく、いつまでも存在し続けるのです。体制というのはミツバチの巣のようなもので、個々の蜂が死んでも群れは生きながらえます。神話をつくる人たちは同じようにカーニズムの神話を再利用し、その時どきのトレンドに合うよう必要に応じて微調整しているのです。

権威を疑うこと

スタンリー・ミルグラムの今や古典となっている権威への服従に関する研究は、私たちがいかに権力を持つ人に対して弱い存在であるかを証明しています。一九六〇年代初頭、ミルグラムは男性被験者四〇人を集め、学習過程における処罰の与える影響を実験するため、被験者たちに「教師」として振る舞うよう指示をしました。同様に「学習者」として集められた被験者もおり、教師役と学習者役はそれぞれペアにされました。教師役の被験者たちには知らされなかったのですが、実はこの学習者役の人たちはミルグラムの協力者でした。被験者のペアは実験室に連れていかれ、学習者はベルトで椅子に固定され電極のようなものに繋がれました。そして二人には、教師は二つの言葉を読み上げ学習者はそれを覚えること、そしてもし学習者が二つの言葉を正しく覚えられないと、教師によって電気ショックが与えられることが説明されました。また、間違えるたびに電気ショックの強度が徐々に上げられることも伝えられました。教師はその後、別の部屋に連れていかれるのですが、そこには学習者の電極コードと連結していることになっている電気制御システムがあり、その電気制御システムは電圧量が一五ボルトから四五〇ボルトで、一番高い電圧量の横には「危険—激しいショックを起こします」と注意書きがありました。

実験の初期段階では、学習者は二つの言葉を正確に覚えていましたが、やがて答えを間違えるようになってきました。最初の数回の電気ショックでは、学習者は不快感を表すうめき声をあげ、電圧量が一五〇ボルトまで上がる頃には、学習者は痛みを訴え実験の中断を求め、二八五ボルトでは激しい苦痛に叫び声をあげました。この間ずっとミルグラムは教師に実験を続けるよう指示し、そしてほとんどの教師たちはその指示に従ったのです。驚くべきことに四〇人の教師役被験者のうち三四人が、学習者が実験を止めて欲しいと頼んだにもかかわらず実験を続け、その三四人中二六人は電圧力を最大の四五〇ボルトまで上げ学習者に電気ショックを与え続けたのです。教師たちは明らかに苦悶し、汗だくになり、頭を抱え込み、泣き言を言いました—それでも実験を続けたのです。ミルグラムはこの実験をグループや情況を変え何度も繰り返し行いましたが、すべての実験において同じ結果が出たのです。こうしてミルグラムは、権威への服従は良心に勝る、と結論づけました。

実験の結果には身の毛がよだちますが、驚きではありません。歴史は正義のない戦争から大量虐殺《ジェノサイド》といった残虐非道な事実に満ち溢れているではありませんか。これらすべては、何百万という人々が権威者によって良心をかき消され、ただ指導者の命令に従ったから起こりえたのです。

ミルグラムは同時に、権威への服従性を低下させる要因が二つあることも発見しました。一つは権力を持つ人物の正当性を見極める能力と、もう一つはその人物から距離を保つことです。例えば前述の実験で、(見かけが研究者でなさそうな)「普通の人」に電気ショックを与えるよう指示させると、その指示に従う確率は三分の二までに落ちました。つまり被験者たちは研究者を権威と同等に見ていたのです。また研究者が教師役と一緒にいなかった場合、服従性はまたしても三分の二に落ちました。教師たちはズルをしたのです。

正当な権限を所有すると認識した相手から指示を受ける時、私たちは自分の行動に対して全責任を負わなくて済むので、良心とは相反する行動をとるものだとミルグラムは確信しました。そして、食餌指導する主治医や、テレビで「牛乳は体に良い」と宣伝するセレブリティなど、その人物が自分に近ければ近いほど、私たちはその権力に押し切られがちなのです。外部から言い聞かされることに対して疑問を持ち、自分自身のことを認識できるようになるまで、私たちはシステムの現状維持をしようとする人たちの命令に従い続けるだけなのです。*

承認の公印：正当化

「ナチスの破壊行為はドイツ社会のあらゆる分野における協力体制を要した。官僚は定義と法令を作り上げ、教会はアーリア人の血統であるという証明を与え、郵便局は国外追放の通達を届け、企業はユダヤ人従業員を解雇し彼らの所有物（…）を取り上げ、鉄道は犠牲者たちを収容所へ運んだ（…）こうした作戦には、ドイツ全土の主要な社会的、政治的、宗教的機関の参加が求められ、その要求は満たされたのである。」

リチャード・ルーベンスタイン（神学者）

*ミルグラムや他の研究者たちが行った権威への服従性に関する様々な調査では、男性と女性の間でははっきりとした反応の違いは見られませんでした。[198]

神話の実践目標はシステムの「正当化」です。イデオロギーが正当化されると、その主張は社会的機関から承認され、三つのNはあらゆる社会的ルートを通じて世の中に広められます。イデオロギーに沿った行動は合法となり、適正で倫理的であるとみなされます。その結果、イデオロギーに対立する主張は非正当と捉えられるので、例えばヴィーガンが畜産農業関連事業者を動物の屠殺罪で告発するなどということはできなくなります。

イデオロギーの正当化を支持するすべての機関の中でも、とりわけ重要な役割を果たすものが二つあります。それは法システムと報道機関です。イデオロギーの主張を法制化することはシステムの適合性を推進します。例えば動物の地位が法的に定められることによって食肉生産が継続されることを考えてみてください。アメリカの法律には、法律上の個人か法律上の所有物しかありません。法律上の個人には、基本的な権利が与えられていて、その最たるものは他者から肉体的な暴力を受けずに生きる権利です。対照的に、法律上の所有物には権利がありません。物の所有者である法律上の個人だけが権利を持つことができます。ですから、誰かが車を傷つけた時、その車の所有者である人が相手を訴訟することができますが、車自体は訴えることはできません。今日、すべての人が法律上の個人で（とはいえもともとアメリカ合衆国憲法では、奴隷のうち五分の三は個人で五分の二は所有物として分類されていました）、すべての動物は法律上の所有物です。ですから、例外はほとんどなく所有者の人間が自分たち個人の所有物をいかに扱おうと、それは所有者の権利ということになるのです。このようにして動物は売買され、食され、皮は身にまとわれます──動物の身体は加工され、膨大な種類の製品に使われるので、私たちはシステムに従わざるを得ない状況なのです。実は動物由来のものが、テニスボール、壁紙、絆創膏、そしてフィルムなどといった思いも及ばないような製品に含まれているからです。

私たちの主な情報源である報道機関は、イデオロギーを消費者へ届ける直接的な媒体としてカーニズムを強化しています。カーニズムとなると、マスコミはシステムに挑むのではなく、カーニズムの防衛機制を支える側にまわります。システムを不可視化させ続け、肉を食べることの正当化を強固にするのです。（幸いなことにこの傾向は、多くのメディアを牽引する人たちが自らの影響力をカーニズム支持ではなくそれへの反対に使うことでヴィーガンの協力者となってくれたことで、変わりつつあります。）

マスコミがカーニズムの不可視性を保つ方法の一つは情報を省いて伝えないことです。人間の消費のために年に一一〇億もの動物が殺されることも、現代の畜産業界のやり方が引き起こすきわめて有害な影響も、それらの情報が報道の場において著しく欠けています。家畜が暴力的な扱いを受けている場面や、食肉産業の腐敗した慣習を、これまで報道でどれほど見たことがありますか？　ガス料金の変動やハリウッドでのファッションの大失態といった話題と比べてどうでしょう？　ほとんどの人たちは、何十億もの動物、何百万人もの人、そして生態系全体が、無用な暴力から利益を得ているたった一つの産業によって体系的に搾取されている事実よりも、ガソリン代が一ガロンにつき五セント高くなることに憤りを感じているでしょう。また、私たちの多くは、自分たちの口に入れる動物たちのことよりも、アカデミー賞授賞式に有名人が何を着ていたかをはるかに良く知っていることでしょう。

マスコミはまた、カーニズムに疑問を投げかける発言などが消費者層の耳に入るのを防ぐ、つまりそうした情報を禁止することによっても、体制の不可視性を守り続けます。二〇〇四年にCBSは、スーパーボウルでカーニズム反対の広告を流して欲しいと二億四千万円の申し出をしてきたPETAという動物の権利を求めるグループの要求を退けました。CBS本局はそのローカル支部が「アドボカシー広告」を流さなかっただけだと主張しましたが、実際にはスーパーボウルで喫煙反対の広告は流し、肉の消費を促すコマーシャルは繰り返し放送したのです。

一方で、食肉生産がマスコミの注目を集める時もまったくないわけではありません。しかしそのような場合はたいていい、その問題が日常的に起こっているというよりは常軌を逸しているという形で伝えられます。第三章でふれましたが、病気に罹った家畜が食肉加工され、学校のカフェテリア用に出荷されたといった場合です。その場合、当該の工場が米国人道協会の調査員によって無造作に選ばれたという事実が語られることも、畜産関連企業でこうした慣習が広く行きわたっている可能性に関して議論されることも一切ありません。ですから、世間の憤りは一企業のみに向けられ、システムそのものには何の変化ももたらされないのです。

マスコミがカーニズムの主張を一意見ではなく事実として、そしてカーニズムを支持する人を偏った神話をつくる人ではなく客観的に真理を説く人として報道する限り、システムはそのままの形で保たれるのです。例えばテレビや雑誌などのメディアでは、肉の消費がつきものである祝日のお祝い特集が組まれ、感謝祭のための七面鳥の伝統的な料理法や七月四日のアメリカ独立記念日のおもてなし料理などが紹介されます。メディアに登場する医者や栄養士などはカーニズムを擁護することが多く、彼らはさも「合理的な穏健派」ふうな顔をして、視聴者に脂身の多い肉よりも脂肪分の少ない肉を勧めたりします。

報道機関は、カーニズムが「一般的にそういうことになっている」というだけでなく、そうあるのが当然で、そうあるべきだし、そうでなければならない、と私たちに言い聞かせ身近なものに仕立て上げるのです。いわば、マスコミが私たちに三つのNを徹底させているのです。

肉を食べるのは普通のことである

「習慣はどんな残虐性とも和解する。」
ジョージ・バーナードショー

私たちがイデオロギーの主張を普通と捉えるということは、イデオロギーは規範化され、その主張は社会規範になっている、ということです。社会規範というのは、大多数の人がどのように行動するかをただ単に説明するだけではなく、どのように行動すべきかという指示をも与えます。行動様式の規範は社会的に構築されたものであり、本質的なものでもなければ、神がそう言っているのでもありません（神からの教えだと言い聞かされてる場合もあるかもしれませんが）。人間が作り出し持続させているものであって、システムが今ある姿を継続できるよう人々を仕向けるものなのです。

行動様式の規範は、私たちが進むべき道を敷き、そこになじむためにはどう振る舞ったらいいかを教えることによって、私たちを従わせます。規範の作った道は最も楽な道です。[199] 自動操縦の乗り物に乗っているようなもので、自分たちが意図して選んだわけではない行動様式に従っていることさえ、私たちは気づくことがありません。ほとんどの場合肉を食べる人たちは、自分たちが自身の価値観や好み、そして行動の大部分を定義づけているシステムの主張に従って振る舞っているなどとは思ってもみないでしょう。彼らが言うところの「選択の自由」は事実上、与えられる選択肢として挙げられる狭い範囲に限られた中からの自由に過ぎません。ある種の人間でない生き物よりも人間の生命の方がはるかに尊いと教え込まれてきたために、他の種だって生きたいのに、人間がそれをおいしく思うからといってそれを殺して食べることを適切であるように考えてしまうのだということに気がついていません。最も楽な道を確立することによって、行動様式の規範は別の道をあいまいにし、あたかも他の方法はないかのように見せかけます。第二章で述べたように、肉を食べることは選択の結果ではなく、すでにあらかじめあることとされているのです。

行動様式の規範が私たちを管理するもう一つの方法は、規範に従うことを褒め、そこから外れたら罰を与えるというやり方です。肉を食べることは実際的にも社交的にも食べないことよりも楽な生き方です。肉や肉製品はどこにでもありますが、肉代替食品は（ヴィーガン食は今でこそ以前と比べてはるかに入手しやすくなりましたが）基本的には探さなければなりませんし、探しても見つからない時もあります。またいまだに多くのレストランにはヴィーガン向けのメニューがありませんし、ライスアンドビーンズといったありきたりのヴィーガン料理も、動物性油脂やチキンブイヨンで調理されていることがよくあります。また、ヴィーガンはヴィーガンであることを説明しなければならなかったり、自分の食べるものについて釈明したり、時にはまわりの人に不便をかけて申し訳ないというようなことまで言わなければならないこともあります。ヴィーガンは過激だとか摂食障害、時には人間嫌いだと固定観念を押しつけられる場合もあります。そして、もし革製品を身につけようものなら偽善者呼ばわりされ、身につけなければ純正主義者、過激派などと言われるのです。ヴィーガンたちは、そのとても精細な心を傷つける先入観的イメージとまわりの人たちの態度によって常に攻撃される世界に生きなければなりません。そうしたことを考えると、最も楽な道を避けるより、肉食の大多数に従うほうがはるかに簡単というわけです。

行動様式の規範は、慣習や伝統と同様に日常の行動にも反映されます。もし振る舞いが習慣化・伝統化しているならば、そのシステムを保ってきた歴史とその役割のお陰で、振る舞いが疑問視される可能性は低く、またされたとしてもそれを正当化するのはとても簡単です。多くの人にとって感謝祭は食卓に七面鳥が並ばなければ感謝祭ではありえないでしょうし、祭日に振る舞われるごちそうというのはもう決まり切っていて、それを疑問に思う人はほとんどいないのです。

肉を食べるのは自然なことである

「自然淘汰は文明の発展を推し進めてきた（…）より文明化したコーカサス人は生存競争のためトルコ人を征服した。世界中のあらゆる場所で、無数の下位の民族が高度に文明化した種族によって殺されたのは、それほど昔のことではない」。

チャールズ・ダーウィン

私たちのほとんどは肉を食べることを自然なことであると信じているでしょう。なぜならば、人間は何千年もの間そうしてきたからです。少なくとも二〇〇万年の間、雑食の食事の一部として肉を食べているのは事実です（ただその時代の大部分は人間は主に野菜を食べていましたが）。しかし公平に言うならば、人間が幼児殺し、殺人、強姦、そして人肉嗜食などに手を染めたのは、人間の肉食と少なくとも同じくらい古い歴史を持つと認識しなければならず、そうであるならこうした行いはおそらく「人間にとって自然である」と言えるでしょう。とは言えども、こうした行いを正当化するために歴史を引き合いに出すようなことはしません。ですから別の暴力行為と同様、肉を食べることに関しても自然であることと正当化できるかどうかは区別されなければなりません。

「自然である」ことは自然化の過程を経て「正当化できる」ようになります。自然化は自然にすることであって規範にすることが規範化と言われるとの同じです。あるイデオロギーが自然化されると、その主張は自然法則に沿っていると信じられます（あるいは神の法則。これは人の信条が科学に基づくかそれとも信仰か、その両方かによります）。自然化は、物事がそうあるべきだという信条を反映します。肉を食べることは単純に自然の秩序に沿っている、と見えるように。自然化はイデオロギーを論理的（生物学的）根拠を示すことによって持続させます。

行動様式の規範と同様、自然化された行動は多くの場合作り出されたものですが、「自然の階層」の頂点に立つと考える人々によって構築されたことはなんら不思議でもありません。一部の人間の集団による生物学的優位性における信条が、何世紀にもわたって暴力を正当化するのに利用されてきました。アフリカの人々は「生まれつき」奴隷に適しており、ユダヤの人々は「生まれつき」邪悪で、根絶しなければドイツは破滅に追いやられると考えられ、女性は「生まれつき」男性の所有物になるために生を受け、動物は「生まれつき」人間に食べられるために存在する、といったようにです。あたかも自然によって人間に食べられるために生み出されたかのような動物を私たちは何と呼んでいるでしょう？家畜、ブロイラーチキン、乳牛、採卵鶏、そして食用仔牛などです。偉大なる哲学者のアリストテレスでさえ、その時代の行動様式の規範に合うよう生物学を引き合いに出し、論理を曲げ、男性は女性より生まれつき優れており、奴隷は生まれつき主人に仕えるように作られると主張したのです。カーニズムの中核となる正当化の根拠の一つは、いわゆる食物連鎖と呼ばれる自然の秩序です。人間は食物連鎖の「頂点」に立つと考えられていますが、鎖ですから定義的には連鎖に頂点はないのです。もしあったとしても、そこには人間のような雑食動物ではなく肉食動物が鎮座していることでしょう。

　自然化を支える鍵となる柱は歴史、宗教そして科学です。歴史は、選択された歴史の焦点と、イデオロギーが常に存在していたことを証明する「事実」を私たちに提示します。歴史というレンズによってイデオロギーは永遠化し、いつの時代も物事はそうであったと見せかけ、だからこそ今あるようにこれからもそうあり続けるのだと見せかけます。宗教はイデオロギーを神がそう定めていると支持し、科学はイデオロギーに生物学的根拠を与えます。長い間、人間はイデオロギーを自然化するのに宗教と科学の力を借りてきました。つまりそれらは、ある集団が自分たちをもともと優れていると定義するための基準が霊性と知性にあると説明するために役立ったのです。科学界において動物実験が一般的になる以前、数学者で哲学者のルネ・デカルトは、妻の飼っていた犬の足を台に釘打ちにして生きたまま解剖し、人間とは違うが他の動物たちとは同じように、犬は心を持たない「機械」のようなもので、痛みで泣き叫ぶのは時計を分解する時にばねやホイールが自動的に反応するのとまったく変わりがないことを証明しようとしました。チャールズ・ダーウィンは男性は女性よりも生まれながらにして理性的であるため、進化の過程で男性は女性よりも優位となったと主張しました。つまり、自然化はイデオロギーを歴史的、神学的、そして生物学的に議論の余地を与えなくするのです。

肉を食べるのは必要なことである

「南部の私たちは慣例を放棄することはできないし、するつもりもない。［白人と黒人の］両人種間に存在する今の関係性を保つことは（…）両者の平和と幸せのために必要不可欠だ。」

ジョン・C・カルフーン

（第七代アメリカ合衆国副大統領）

肉を食べるのは必要だという信条は、肉を食べるのが自然だという信条と密接に関連しています。もし、肉食が生物学的に必須であるならば、人類が生き延びるために必要だということでしょう。すべての暴力的なイデオロギーと同じように、この信条はシステムの中核であるパラドックスを反映しています。すなわち殺すことは、他の種の犠牲によってでも、一つの種が生き延びるというより偉大な善のために必要なのだ、というパラドックスです。[200] 肉を食べるのは必要だという信念が、システムを当然あるべきものと思わせます。もし、私たち人間が肉なしで生きていけないのなら、カーニズムを廃止することは自殺行為のようなものです。私たちは、肉を食べなくても生きていけることを知っていますが、システムが肉食が必要だという神話を真実であるかのように発信し続けます。そしてこの神話は実は暗に示された仮説にすぎず、たいていは問題提起されない限りその正体は明かされないのです。

これと関連した神話で、肉を食べるのは健康のために必要だ、というものがあります。この神話も、その反対を証明する圧倒的な数の研究結果があるにもかかわらず主張され続けています。むしろ、肉食は工業化された社会特有の病気の発症に関連性があり、肉を食べることは有害だ、という科学的証拠まであります。

たんぱく質神話

「いったいどうやってたんぱく質を摂っているのですか?」

自分がヴィーガンだと言った時にまず聞かれるのが、この質問です。この質問はあまりにもお決まりで、世界中のどこでもヴィーガンたちの間ではこれまたお決まりのジョークとなっているほどです。私が「ジョーク」だというのは、この質問が、たんぱく質を体内に摂取するためには肉（とある程度の卵と乳製品）を食べなければならないという、最も世間一般に普及していて、最も現実離れした神話を物語っているからです。ヴィーガンたちはこの間違った考えを「たんぱく質神話」と呼んでいます。

特に男性はたんぱく質不足を懸念する人が多いようです。なぜならば、（動物性）たんぱく質は筋肉の形成や強靭な身体作りに必要だと伝統的に信じられているからです。肉は大昔から、力や勢力、精力といった男らしさのシンボルでした。反対に、植物由来の食物は女性化され、（「カウチポテト」や「ベジアウト」といった言葉にみるように）受け身的で弱弱しい感じを象徴します。男性らしさというものがいかに—個人にも社会にも不利益でありながら—権勢、支配、そして暴力に結びついて形成されてきたかを調査する文献研究が数多くあります。ですから、動物を消費すること（そして時には殺すこと）が男らしさの特徴の中心であったことは当然と言えるでしょう。[201]

別のカーニズムの神話と同様にたんぱく質神話は、それが正しくないという長きにわたる広く知られた実質的な証拠があるのに、いまだに存在しています。そして、たんぱく質神話は肉を消費し、カーニズムの規範を維持することを正当化し続けます。しかし、それは実は神話でしかないのです。医学界の見解を紹介しましょう。

「一九〇〇年代初頭アメリカ人は、一日に一〇〇グラム以上たんぱく質を摂取するように言われていました。一九五〇年代に入ると、健康意識の高い人々はたんぱく質をもっと摂るように奨励されました。今日（…）アメリカ人は本来必要なたんぱく質量の二倍も摂取する傾向にあります。たんぱく質摂取過剰は、骨粗しょう症、腎臓病、尿路カルシウム結石、そしてある種の癌の発症とも関連づけられています。

人間は、口から取り入れたたんぱく質に含まれているアミノ酸によって、筋肉や体内のたんぱく質を構成します。豆類、レンズ豆、穀物、野菜といった多様な食物は、必須アミノ酸をすべて含んでいます。以前は、たんぱく質を最大限に体内に蓄積するためにさまざまな植物性食品を一緒に食べなければならないと考えられていましたが、最近の研究によるとそうではないことも分かりました。

たんぱく質を過剰にならない範囲で十分に摂取するのは簡単です。肉の代わりに穀物、野菜、マメ科植物（えんどう豆、大豆類、レンズ豆など）そして果物を食べれば良いのです。いろいろな種類の植物性食品を、体重を維持するのに必要な分だけ食べていれば、体は十分なたんぱく質を摂取できるのです。[202]」

肉を食べるのは必要だという神話の中でも特に驚くべきものが、もし私たちが肉を食べるのをやめたら、世界は豚、鶏、牛で埋め尽くされてしまうので、肉を食べ続けなければいけないという信条です。これらの家畜をどうしたらよいでしょうか？　私たちが肉や動物性食品を食べるのをやめるなら、そもそものような食品となる動物の生産をやめればよいのです。そうすれば、私たちが食べないからといって家畜の数が増え続け、世界が家畜に埋め尽くされることもありません。この神話の中にはもう一つの小さな神話がありますそれはすべての暴力のイデオロギーの中核となるパラドックスなのですが、これまでの殺戮を正当化するために殺戮し続けなければいけない、というものです。[203] 暴力というのは一定の地点に到達すると、逆戻りするのはもう不可能に思えます。

必要にまつわるもう一つの神話は、殺戮は経済に必要不可欠であるというものです。経済的動機が数多くの暴力のイデオロギーをこれまでけん引してきたからといって――新世界の経済は奴隷制度によって支えられ、ナチス政権は犠牲者から金や資産を略奪し、無給労働させることで戦争で使う兵器を調達しました――殺戮をやめても経済が完全に崩壊するわけではありません。ただ、何かしらの影響を受け、現状が変革される可能性はかなり高いでしょう。つまりカーニズムが廃止されれば、畜産業界の権力構造が崩れることになるのです。

たとえ経済がカーニズムに依存しているとしても、絶え間なく行われる暴力に依存しているという事実が正当化できるのか、私たちは考えるべきです。多くの人にとっては正当化できないでしょう。人々が暴力のイデオロギーに気がついた時、問題提起することを、歴史は繰り返し私たちに教えます。そうした背景から、カーニズムの残虐行為は隠し通されなければならず、カーニズムの神話は完全な形で伝承され続けなければならないのです。そうすることによって、私たちは自分自身を情報を握る消費者で、民主主義のもと自由に行動し、自分自身の選択に基づいて生きていると信じるようになるのです。

自由意志の神話

暴力のイデオロギーには自発的な参加者が必要ですが、動物を喜んで傷つけるような人はそうはいないでしょう。ですから、システムを持続させるために、人々を強制的に参加させなければなりません。そして、その強制は認知されないままであるからこそ効果を発揮するのです。殺された動物を購入し消費する時に、完全に自分の意志でそうしていると信じなければなりません。つまり「自由意志の神話」を信じなければならない、ということです。

肉を強制的に食べさせようと、誰かのこめかみに銃をあてるような人はもちろんいません。そのような必要はないのです。なぜなら、私たちは乳離れした瞬間から、当たり前のように肉を食べさせられ続けてきたからです。ガーバーの七面鳥入りの離乳食を自分で好んで選びましたか？　もう少し成長して、マクドナルドのハッピーミールの時はどうでしたか？　両親や学校の先生、医者に牛乳を飲むと強い子に育つと言われたことに疑問を持ちませんでしたか？　パスタの上にのったミートボールを見て、これらはいったいどこから来たのだろうかと考えたことがありましたか？　もしそんなことがあったとして、まわりから良心に従って肉を食べるのを止めることを勧められましたか？　それともあなたの感覚を麻痺させ、肉を食べることは良いことだと再び教え込まれましたか？

　おそらく、動物性食品とどういう関係性を持つかというパターンは、おしゃべりができるようになる前に既に刷り込まれ、あなたの人生の中で一度たりとも揺らぐことがないままで生き続けてきたことでしょう。そして、まさにこの中断されることなく続く行為の流れの中で、どのようにしてカーニズムが私たちの自由な意志を洗い流してしまうのか、見て取ることができるのかもしれません。自らの意志で人生を歩み始めるずっと以前に構築されるこの思考と行動パターンは、私たちの心に紡ぎ込まれ、見えざる手のように私たちを導くのです。そして、動物性食品に対する私たちの習慣的な振る舞いを邪魔する何かが起こった時—例えば屠殺の工程を一瞬見てしまった時など—カーニズムの防衛機制をつかさどる精巧なネットワークが、私たちを迅速にそこから遠ざけます。カーニズムは私たちに意識的に考えようとするのを邪魔するのです。

システムの中にいる限り自由意志を働かせることはできません。自由に行為選択をするためには意識が必要ですが、私たちの中に広く深くしみ込んだ思考パターンは無意識で働き、私たちはそれに気づくことさえなく、したがってコントロールすることができないのです。システムの中に留まる限り、カーニズムの視点で物事を捉えます。そして、目隠しされた状態で世界を捉えるならば、自ら選択したわけではない真実に基づいて生きることになります。私たちはシステムから一歩外へ踏み出さなければなりません。そうすることで初めて、失われた共感を取り戻し、システムに教えられてきた感じ方や信じ方ではなく、私たち自らが本当に感じて信じることを反映した選択をすることができるのです。

第六章

鏡の国のカーニズム

内面化した肉食主義

「知識における最大の敵は無知ではなく、知っていると錯覚することだ。」

スティーヴン・ホーキング

あなたを取り巻く現実—家、仕事、家族そして人生—を構成するすべてが、ただの錯覚であなたの脳とまわりのすべての人間の脳が接続されコンピューター化されたマトリックスによってでっちあげられた仮想現実だと想像してみてください。このマトリックスは私たちをバッテリーとして使い、気づかれずにエネルギーを吸い取って存在し続け、姿を隠しながら自由という錯覚を生み出して私たちを満足させている。そのようなテーマを扱ったのが映画『マトリックス』でした。この映画は何百万人もの観客の大反響を呼び、モダンクラシックと称賛されました。クラシックという言葉の中には、人間の体験の中核に迫るという意味が含まれています。それらは排他的で語られることのない真実を明るみにするものです。『マトリックス』は私たちが目にするものに対して、そしてそれらと私たちがどのように関連しているかについて疑問視するよう語りかけました。人間が何を考え、なぜそのように考えているのかについて、もっと興味を持つよう呼びかけているのです。メインキャラクターの一人であるモーフィアスは主人公のネオにこう言います。「マトリックスは我々を取り囲んでいるのだ。今この瞬間、この部屋の中にもある。窓の外を見た時も、テレビをつけた時も、仕事場でも感じる。（…）教会でも、（…）税金を払う時も、君はそれを感じる。君の眼には真実が見えないよう覆いがかぶせられた世界なのだ。心の牢獄だ。」

ネオの心はマトリックスによって四方を囲まれていて、そのシステムはネオの自力で考える能力を奪い取るほどまでに心の中に根を下ろしていました。そしてマトリックスの編み出す錯覚を現実と受け入れることで、ネオ自身がシステムは本物であると証明するのに一役を買っていたのです。ネオは捕われの身でありながら捕える側でもあり、犠牲者でありながら加害者でもあったのです。

同様にカーニズムのマトリックスも、私たちに否認、逃避、正当化というシステムのための仕事をさせるべく強制するのです。私たちの心がカーニズムによって囚われる時、私たちはシステムの視点で世の中や自分自身を捉えます。その結果、私たちは本来とるであろう行動ではなく、体制が私たちに望む行動をとるようになるのです。つまり、私たちは能動的な市民ではなく、受動的な消費者だということです。体制の構造はもはや私たちの意識に深くしみ込んでおり、カーニズムが内面化してしまっている状態なのです。

認知の三本柱《トリオ》

カーニズムは真実をゆがめます。口に入れる動物が見えないからといって、それらが存在しないわけではありません。システムに名前がないからといって、それが現実ではないとは言えません。動物を食べることの神話が社会にどれだけ広く深く浸透していようと、その神話は動物を食べることにまつわる事実ではないのです。

内面化されたカーニズムは私たちの真実に対する認識を歪めます。動物を命ある生き物ではなく動くモノと認識し、動物にもそれぞれ個性があるのに、モノの「塊」のように抽象的にしか捉えません。そして客観的で根拠となるデータがないために、種によっては人間の食用となるのが自然で適切であるかのように認識するのです。仮に、システムが最大限の注意を払って隠蔽している食肉になる豚を私たちが垣間見てしまったとしても、私たちはその豚が感覚を持ち、個性や好みがある生き物だとは捉えません。むしろ、汚れているとかむさ苦しいといった豚の「豚らしさ」や「食材性」を認識するでしょう。このように動物を認識することで、私が「認知の三本柱」と呼ぶ三つの防衛機制を働かせるのです。

認知の三本柱はモノ化、非個性化、二分化の三つで構成されます。これらの防衛機制は通常の心理プロセスですが、カーニズムを持続させるためにそれらを過剰に機能させると自己防衛的な歪みをもたらします。また他の防衛機制と異なり、それらの構造は人間の心の中に深く入り込んで無意識、無作為であることが多いので、人間が何を考えるかということよりも、どう考えるかに働きかけます。認知の三本柱のこうした防衛機制は、私たちの動物に対する認識に独特の影響を与えますが、この三つの中心にある本当の強みは、この三つの要素がいかにお互いに調和して機能し合っているか、にあります。音楽界のトリオのように、個々の働きの総和としてよりも、全体としての役割が大きな影響力を持つのです。

モノ化：動物をモノとして見る

頭を切り落とされた羊肉を見れば見るほど、ますます動物ではなく処理すべき商品に見えるんだ。

肉切り職人、男性、三一歳*

*この章で引用する発言は、動物の肉を食べる心理をテーマにした博士論文を書く際に私が行ったインタビューから抜粋したものです。

モノ化とは、命ある存在を無生物つまりモノとして捉える過程です。動物はさまざまな形でモノ化されますが、その最たる方法は言葉でしょう。何かを対象化することは、自分との距離をとる強力なメカニズムです。屠殺場の労働者たちがこれから処理する動物を、命ある生き物としての呼び名ではなく、商品としての名前で呼んでいることからも分かります。例えば彼らは鶏をブロイラー、豚をベーコンそして牛をビーフと呼びます。USDAは乳牛を乳房の房、動物をユニットという単位で呼び、食肉生産者は新規導入したイノシシや新規導入した仔牛などとも言います。普段使っている生物という言葉も、よく考えると命ある生と物質である物を組み合わせた矛盾した言葉を連ねる撞着語法にあたります。私たちがそのようなモノ化された言葉を使うことをカーニズムは必要とするのです。もしレストランの窓越しに見える回転グリルのチキンをそれではなくその子と言ってみたり、すし屋の水槽で泳ぐタコをあれではなく彼や彼女と言ってみたらどう感じるか考えてみて下さい。

モノ化は言葉だけではなく制度、法律、政策等によっても正当化されます。第五章で述べたように、法律では動物は所有物と位置づけられています。ある生き物を、中古車―やその部品―のように売買、取引、交換ができるとするとき、私たちは文字通りその生き物をただの生きた在庫《ライブストック》（＝家畜）の一部とみなすのです。こうして命ある動物をモノとして見ることによって、本来であれば感じるであろう道徳的不快感もなくそれらの身体を扱うことができてしまうのです。

非個性化：動物を抽象化して見る

［家畜を個々の命ある生き物とは］思っていないよ。そんな個人的な感情が入り混じったら自分の仕事ができなくなってしまうさ（…）個性というのはつまり唯一無二の存在で、名前や性格があって、好き嫌いもあるということでしょう？　だとしたらそんなことは知りたくないね。動物にも個性があると思うけど、僕は知りたくなんかないさ。

肉切り職人、男性、三一歳

非個性化とは、個々の動物を集団アイデンティティの見地からのみ捉え、所属するグループ内のすべての個体が同じ性質を持つと考えるプロセスです。私たちが自分以外のグループに出会うと、おのずから、少なくともいくぶんかはそのグループを集団として捉えます。グループの規模が大きければ大きいほど、より私たちはグループ内の個人レベルではなくグループ全体として見がちです。例えば外国の人に出会うと、まず第一にその人は出身国特有の性質を持つ集団の中の一人として見ることでしょう。そして、非個性化は他人を全体のメンバーとしてのみ見て、全体を構成している個人を認識することは間違いと捉えます。これが、私たちが食べている動物を認識している見方です。

既に言及した通り、食肉のために飼育される豚について、おそらくあなたはその豚一頭一頭が個性や好みがある個体だとは考えないでしょう。むしろ、彼らを抽象的に見て集団として捉えるのではないでしょうか。暴力のイデオロギーの犠牲者である他の種の集団と同様、食肉用として育てられる豚は名前で呼ばれることはなく番号をふられ、すべての豚に差異が認められません。豚はしょせん豚であってすべての豚はみな同じだと。もしホットドッグのパッケージに、食べ物となった豚の名前、写真、そしてどこで育てられたかなどと説明書きがあったら、どう感じると思いますか？　あるいは、あなたに食べられる運命の豚の一頭と知り合ったとしたら？　私が研究のためにインタビューした肉食の人や肉切り職人と同様、私の元で学んだ数えきれないほどの学生たちが、飼育された動物の個性を知ってしまうと、その個体を食べることはできないと感じたり、中にはその種の動物をそれ以降食べ続けることに不快感を覚えると言う人もいました。冒頭でインタビューに答えてくれた三一歳の肉切り職人は、「もし豚をペットとして飼っていたら豚に対する見方が違っただろう。スペアリブなんか料理しているのを見たら、きっとそこに自分のペットを重ねて見てしまうだろう」と私に語りました。

自分たちにとって身近な動物を食べること（その肉を料理すること）に対して、否定的な反応が起こるのは世界中どこでも同じですし、またその反応はかなり大きなものです。エクアドルのキト出身の女性先住民は、アメリカ人が犬や猫に対して感じるのと同じくらい、鶏に絆を感じます。ですから、何らかの理由で鶏を食用に売らなければいけない状況になった場合、彼女らは涙を流し泣き叫びます。[204] 私が研究のためにインタビューを行い、自分になついた家畜を食するということに関してどう感じるか尋ねた時、次のような回答がありました。「その肉を食べることに罪悪感を覚えるでしょう。何というか、殺人犯になったような、つまり自分が殺したように感じます。いったい何のために？って。私の言わんとしていることが分かりますか？　想像したくもありません。もしペットだったとしたら、それは許されないことです。そうでしょう？　自然に死んだ時には埋めて土に戻します。家族の一員のように。」三五歳の肉食の人はこう説明しました。

　この感情は、五八歳の精肉業者の男性にも通じます。「自分のペット［の豚］を食べるくらいなら空腹のままの方が良い。［なぜって］あいつらをよく知るようになったら、友達を食べなくちゃいけないことに抵抗を感じるからね。」しかし、私が彼になぜ仕事で豚を処理する時に同じ感情が湧かないのかと聞いたら、彼はこう答えました。「仕事で扱う豚は全部食品として分類しなければならない。もし誰かがその中の一頭をペットとして飼っていたのなら、話は違うけどね。」

　三一歳のジンバブエ出身の肉食の人は、生まれ故郷のジンバブエで自ら動物を育て殺した経験があります。彼はこう言いました。「名前をつけるくらいなら、僕はその動物を食べないよ（…）僕にとっては友達のような存在だから。信頼関係を築いた動物を食べていることになる。」

二八歳の別の肉食の人は、動物の個性を知ることによって、食べることに不快感を覚えるくらいなら、動物と個人的に親しくなんてなりたくない、と言いました。「何百頭もの動物と一緒に檻に入れられている数頭にでもこういうつながり［個人的なつながり］をもってしまったら、自分のペットと同じですよ。そのペットを殺すなんて…。他の一〇〇頭と集団でいっしょに檻にいたからといって、その一頭の豚をどうやって殺せるというのでしょう？」

集団の中の個体を認識することは、非個性化のプロセスを遮って家畜に苦痛を与えなければいけない場面で人間にとって必要な心理的・情緒的距離感を維持するのを難しくさせます。

数字が引き起こす無感覚

心理学者のポール・スロヴィックはトラウマになるような状況に陥った被害者の数

と、それを目撃した人の反応との関係について研究しました[205]。彼は、被害者の数が多ければ多いほど、目撃者の感情は鈍り、個人的に捉えず、無関心になることを発見しました―そしてこの感情の鈍りは犠牲者が一人から二人に増えるだけで起こるようなのです。スロヴィックは、数と無感覚は比例すると言います。つまり、苦しんでいるのが顔の見える犠牲者―人間であれ動物であれ―のほうが、犠牲者集団よりも人々の同情をより深く呼び起こす傾向にあるということです。

二〇〇五年にオランダでドミノ大会が開催された際に、会場に一羽の雀が迷い込み二万三千個のドミノを倒してしまい、最終的にその雀が撃ち殺されたという事件がありました。すると雀を悼むウェブサイトが作られ、インターネット上では何万人もの人が、殺された一羽の雀に関心を寄せました。二〇〇一年には英国で狂牛病が発生し、感染したとされる何百万頭もの牛が殺処分されました。動物保護団体が殺処分反対の声を上げても牛の大量屠殺は続けられましたが、ある日新聞にフェニックスという名前の一頭の子牛の写真が載ったことで政府はその方針を変えたのです。こんな逸話もあります。エッセイストのアニー・ディラードが七歳の娘に、バングラデシュで一三万八千人もの人がおぼれ死んだことを想像するのがどんなに辛いかと言った時に、娘は彼女に「そんなことはない。簡単よ。海の中にたくさんの点々が見えるだけ」と答えたそうです。

マザー・テレサは数が無感覚を引き起こす現象についてよく知っていました。彼女の言葉にこんなものがあります。「集団を見ても、私は決して行動しません。」

二分化：動物をカテゴリーで見る

多分そのため［食用］に飼育された動物を食べる方が気持ちは楽なんだと思う。(…)自宅の庭でリスが走り回っていて、夕食時にそのリスが食卓にのぼったら少し困惑します。(…)食用動物と自由に野外を走っている動物たちとの境目のようなものでしょう――彼らは食用にされずにすんだ、ということ。

二二歳、肉食の人

二分化とは、他者を心の中で自分の信念に従ってしばしば対立する二つのカテゴリーに分けることです。他者をいくつかのグループに分類すること自体はなんら問題ありません。第一章で説明した通り、心の中の仕分けをするのは自然に起こることで、情報を整理するのに役立つ自然なプロセスです。しかし、二分化はただの分類ではありません。二元論的であるがために現実にはっきりと白黒をつけてしまうのです。その結果として世界は、あったとしてもたいていは不正確な情報に基づいた、融通がきかない先入観に溢れたカテゴリーに振り分けられてしまうのです。ですから二分化は、私たちの心の中で個人をグループに分別して、それぞれに対してまったく違った情感をいだかせるのです。

カーニズムにおきかえると、私たちは動物を食用か非食用かに分類します。そしてこの食用か非食用かという二分化の中でさらに、いくつもの二分類があります。例えば野生動物よりも家畜動物を、雑食や肉食動物よりも草食動物を好んで食べるというようにです。たいていの人は（イルカのように）高い知能を持つと考えられている動物は食べませんが、マグロのようにあまり賢くないと信じられている生き物は平気で消費します。多くの人は、（ウサギのように）可愛いと思う動物は食べませんが、七面鳥のようにそれほど魅力的ではないと考える生き物は食べます。

人間が振り分けた動物の分類が正確かどうかは大した問題ではなく、私たちがそれを正確と信じるかどうかがより重要なのです。なぜならば、人間が動物を食べる時に不快感を覚えないようにすることこそが二分化の目的だからです。動物に対する認識を、価値判断に基づくカテゴリーでフィルターにかけるならば、私たちはペットの犬を可愛がる一方でステーキを食べ、自分たちの選択が意味することに気づかないままでいることができるでしょう。このように二分化は、その動物は賢くないから、ペットではないから、可愛らしくないから食べていいのだと、肉食を正当化する手助けになるのです。

もちろん、すべての食用動物が人間の振り分けたカテゴリーにきっちりと当てはまるわけではありません。ですから、カーニズムの現状を維持するために、私たちは食用動物に対する間違った思い込みを持ち続け、そうすることによって食用に分類し続けることができるのです。豚や鶏は実は高い知能を持っているにもかかわらず愚かだと思われており、七面鳥だって美しい動物なのに醜いと言われるのです。

しかし、こうした私たちの思い込みを掘り下げてみたら、一方的で筋の通らない二分化の性質が明らかになるでしょう。私がインタビューをした四三歳の肉食の人は、なぜラム肉を食べないのかを説明するのに戸惑っていました。

[羊は] 優しい生き物だよ (…) 彼らが殺されて人間がそれを食べるなんて残念だ。他にも穏やかなのに俺たちが食べている動物はたくさんいるね (…) 牛とか。俺たちやつらを食べるんだ (…) 何とも言えない。みんな牛を食べてるね。安くて手ごろだし、いつでもどこでも手に入る。でも、羊はそうじゃない。羊は牛よりも小さくて触り心地もいい。分からないよ。普通は牛を撫でたりしない。牛は食べてもいいように思うけど、でも、羊はだめなんだよ (…) 牛と羊の違いはうまく言い表せないけどさ。

テクノロジー、歪み、そして距離感

［家畜を］抽象的にとらえるのは簡単なことさ…「一人の死は悲劇だが、集団の死は統計上の数字に過ぎない」という引用句を思い起こせばいいんだ。

三三歳、肉食の人

認知の三本柱に関する議論は、心理的な歪みと距離感をもたらすテクノロジーの役割に触れずに終わらせることはできません。テクノロジーは、人間にある種の動物をモノや抽象として扱うことを可能にすることによって、三本柱を強化します。それらの動物は、食肉加工工程では文字通り生産ユニットとなるのでモノであり、カーニズムのもとで殺される動物の数の多さは否応なく動物たちを非個性化するので抽象になります。事実、大規模な食肉生産を可能にしているのはテクノロジーです。現代的な方法によって、動物たちが私たちの食料になるまでの過程をいっさい目にしないまま、毎年何十億もの動物を消費することが可能になっているのです。食肉、卵、乳製品の大量生産は、生産過程が隠されていることも手伝って、動物に対してこれまでにないほど人間を暴力的にしています。動物たちをより多く殺しながら、殺しているという事実に対する感受性は下がり、快適でいられるようになっているのです。テクノロジーはこの人間の行動と価値観の溝をより深くし、これによって、システムが曖昧にしようと必死になっている道徳的な不協和音のあり方を強化しているのです。

しかしもちろんテクノロジーが食肉生産のすべての痕跡を消し去ってしまうわけではありません。そしてその一部が表面に現れた時、私たちは肉が紛れもなく生命のある動物に由来することに気がつき、不快感を覚えるのです。二二歳の肉食の人は、豚の足や丸焼き用の肉を売っている町の市場の豚肉は食べないそうです。そしてこう語りました。「そうしたものは、私が食べているのは突然空から降ってわいてきたようなものではないんだ、ということを思い起こさせます。それが動物の全身の姿に結びつくんです（…）調理用にきれいに加工されたものではなくて…。それが命ある生き物であったことを、私たちは考えるべきです。」

歪みと嫌悪感

鳥ハツは食べたくないな（…）小さいけど本当に心臓の形をしているからね。［もし食べたら］気分が悪くなりそう（…）ハツはやっぱりその、レバーなんかも（…）心臓や肝臓を連想させるし、だから人間に結びつけてしまう。

二七歳、肉食の人

家畜に対する認識を歪めることによって、認知の三本柱はそれらと自分を同一視しないようにします。自分と他者を同一視するということは、自分自身が持っているものが他者にもあるということ、そして他者が持っているものが自分の中にもあることを認識すること——同一視できるたった一つの事が、苦しみから解放されたいと望むことだけであっても——です。同一視することは認知のプロセスであり、もし動物をモノ、抽象、もしくはカテゴリーにあてはめられたアイテムと捉えるならば、そのプロセスは損なわれます。思考は感情に影響を与えるので、他者と同一視できなければできないほど、ますます他者と共感できなくなります。心理学でいう類似性の法則で、自分と共通点があると認識した人に対してより親近感を抱くというものです。例えば飛行機事故があったとして、その飛行機の乗客を誰一人個人的に知らなかったとしても、自分の住む町の人が事故に巻き込まれ亡くなったと聞いたら少し動揺しませんか？　ここで、私がインタビューした五八歳の肉屋の店主のインタビューを紹介します。

［自分の店に］息子を連れて行ったんです——彼は八歳です。店には頭部つきのラムがあって、ラム肉好きの息子は近寄って行って「これは何？」って聞いたんです。

「ラム肉だよ」って答えました。その時は何事もなくそれで会話は終わりました。その数日後に息子に「美味しいラムステーキを食べたい？」って聞きました。すると「嫌だ」と言うんです。息子は「ラム肉を食べたくない。あの時店であいつを見たら、見つめ返された」と言いました。

自分と動物をどれほど同一視するかの度合いによって、その動物に対する共感度が決まります。そして多くの場合共感度がどれほど強いかによって、その動物を食べると考えた時にどれだけ嫌悪感を覚えるかが決まります。*（蛇や虫、また不潔とされるネズミやハトなどのように、生きていて嫌悪感を持たれる生物として分類されるような動物は例外にされることがあります。）同一視と共感が嫌悪感を生むことの説明は、食べ物に人が嫌悪感を覚えるのはほぼすべて動物由来のもの（あるいは動物由来ではないけれど、ぬるぬるした粘り気のあるオクラのような動物の体液を連想させるもの）であるという研究結果によっても説明できるかもしれません。次の図は同一視、共感、嫌悪感の相関関係を示しています。

共感と嫌悪感が密接に繋がっている理由は、共感が大いに道徳の感覚に訴え、嫌悪感は道徳の情緒的側面だからです。一般的に、動物により強く共感を覚えると、それらを食べることに対する不道徳感―とそれによる嫌悪―が強まります。道徳感と嫌悪感の関係は、数多くの研究により証明されています。それによれば、人は道徳的に反感を覚えるもの、つまり自分の誠実性を損なうようなものを食べることを考えた時、嫌悪を感じるということです。[206] ある三四歳の肉食の人は、肉は好んで良く食べるが仔牛肉だけは倫理に反するので食べないそうです。彼がこう言いました。「僕が君の家に夕食に誘われたとしよう（…）もし君が食事後に、あの肉は仔牛肉だったんだと言ったとしたら、僕はその場で吐いてしまうだろう（…）それを自分の身体の中から排除しなければならないというように。」

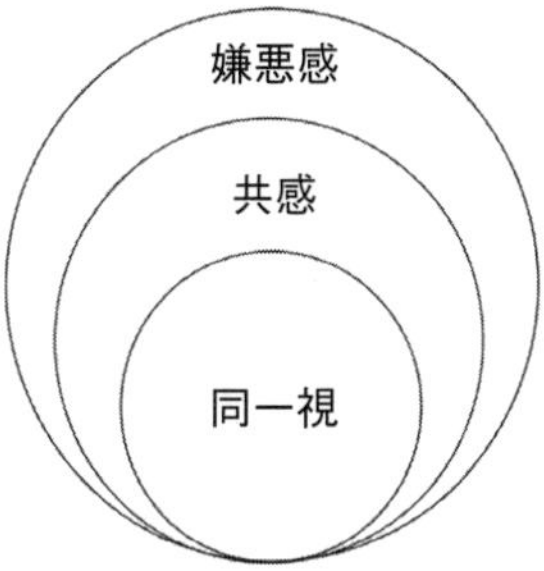

＊嫌悪感は、排泄物や腐った野菜など口に入れるべきではないものを摂取するのを防ぐための、本能的な反応であるかもしれない一方で、純粋に観念的・心理的な刺激に対する反応である場合もあります。本書では観念的な嫌悪感に焦点を当てます。

不当性が引き起こす嫌悪感

トロント大学の研究者達が行った興味深い調査によると、人間は道徳に反することに嫌悪感をいだくよう生れついているとのことです。[207] 研究者たちは二〇人の被験者の顔に、表情の変化を記録する電極をつけ、次の三つの実験を行いました。一番目に気分の悪くなるような飲み物を飲ませ、二番目に汚れたトイレや怪我などの「嫌悪」を催させる写真を見せ、三番目にゲームをさせ不平等に扱いました。それぞれの条件下で、被験者たちが無意識に見せた表情の変化はすべて同じだったことがわかりました。被験者が見せたのは上唇を上げ鼻にしわを寄せて上唇挙筋を収縮する表情で、これは嫌悪を覚えた時の反応です。研究者たちは、実は「道徳的嫌悪感」は、原始時代に私たちの祖先が腐ったものや汚染された食べ物を口に入れないようにするために見せた嫌悪反応に、深いつながりがあるといってもよいだろうと結論づけました。他の研究によっても似たような結果が報告されています。

心の傷対策：嫌悪感と合理化

もろもろの理由で食用動物の肉、卵、乳製品に嫌悪感を覚える人もいます。たとえ商品自体が人にそう感じさせるために作られたのではなくても、です。このような場合に、私たちの感覚を麻痺させるセーフティネットとして働く予備的なカーニズムの防衛手段が必要となります。そこで不合理の合理化が必要になるのです。

合理化は防衛機制であり、筋の通らないことに何かしらの合理的な説明を当てはめることです。他の防衛機制と同様に、合理化によってシステムは無傷のままでいられます。カーニズム体制が張り巡らす家畜動物と人間の精神的距離が何らかのきっかけで縮まり、肉を食べることに嫌悪感を覚えると、私たちは命ある動物を食べているという事実に対してではなく、何か別のことに対して不快感をいだいているのだと自分自身を納得させることによって、道徳的な不快感から注意をそらすのかもしれません。例えば、生きている動物を連想させる肉に抵抗を感じた時、その気持ちを肉の食感が良くないからとか健康リスクのせいにして嫌悪感に対処する、といったようにです。私がインタビューしたある人はこう言いました。「ベーコンは嫌いです（…）油でギトギトしていて（…）気持ちが悪くなります。体に良いとはとても思えません（…）油分と脂肪がふんだんのベーコンを見ると、たとえ美味しくても食べるのは躊躇します。」そこで私は彼女に、フライドポテトや別の脂っぽい食べ物についてもそう感じるか聞きました。彼女はこう答えました。「似たような感じです。でも料理をしている時に生の肉を見ることと何か関係がある気がします。なぜなら（…）ジャガイモではそんなに気分が悪くならないからです。［肉は］土から収穫したのではない何かの一部だということと関連しているのは確かだと思います。」

別の人はインタビューでこう答えました。「生肉や半生のものは食べません（…）血を見るのは嫌だから。血がまだ滴っているものを口にするのは絶対に無理です。」血が滴る肉を見た時にどう感じるか聞いてみたら、彼はこう答えました。「ムカムカします。よく焼いた肉よりもレアの方が健康に良いらしいけど、それにしても不健康だと思う。」

理性ある人間の集団である社会全体が、どのように論理の中にぽっかり開いた穴を埋めようともせず不合理な思考パターンを持ち続けるのかは印象的です。しかしこのパラドックスは、カーニズムの文脈で理解しようとすると理にかなうのです。なぜならば現実をそのまま伝えるより歪曲することがその手口であり、システム自体が本質的に不合理だからです。そして私たちがシステムの内側―システムを反映したスキーマの内側―からシステムを見ているがゆえに、私たちはその論理を自分自身のものとして取り入れてしまっているのです。

感情に左右される食卓

国によってある特定の動物を消費しない慣習があり、それはその国の文化の保存を目的として、それはそれで理にかなっていると考えられています。例えば文化的にみて次のような物は食べないだろうと思います―健康に悪いもの（下水道にいる鼠など）、有益なもの（耕作牛など）、育てて屠殺するにはコストがかかり過ぎるもの（取り扱いが危険な肉食獣など）。しかし、特定の動物を食べることが文化的タブーとなっている正当な理由がありえる一方で、ある研究によるとその真逆のこともかなりの頻度で起こっていることが分かりました。つまり、どのような動物を食べるかについての不合理な選択を合理化するために、文化によって先のような理由づけがされている、というのです。

多種多様な文化において、「食用」動物と定められた多くの種は、文化が違えば食用でないと認識されています。論理というよりも文化的な先入観が、どの動物を食用と分類するかを決定しているのです。例えば、ブラジルの先住民であるナムビクワラ族は食用ともなりえる種の動物を飼っていますが、まるでアメリカ人がペットの犬や猫に接するようにそれらの動物を扱います。それに、自分たちの鶏が産んだ卵を食べることもありません。[208] さらに言えば、フランスでは馬肉が食卓にのぼり、アジアの一部ではゴキブリが、そしてエジプトではハトを食べるように、アメリカ人がそれらを食べてはいけない理由などないのではないでしょうか。カリフォルニアの人は自宅の庭でカタツムリが大量に発生したら、それらを捕まえてエスカルゴとして食べればよいのに、わざわざ輸入カタツムリを購入します。[209] アジアの騎馬民族は馬に頼る生活をしていますが、馬肉食を禁じてはいません。こうした例を見ると、どの種の生き物を食用にするかを決める時は、情緒が理性に勝ったのだと思われます。

シチューから犬の肉だけを取り除きますか?

嫌悪感には心理学でいうところの汚染という特質があります。言い換えると、何か不快に思う対象があると、それに接触したすべてのものにも嫌悪感を覚えるといったことが起こるのです。もしスープにハエが入ってしまったら、ハエとその周辺のスープをすぐに取り除いても、残りを口にする人はあまりいないのではないでしょうか。たとえハエの痕跡を取り除いたとしても、残ったスープがどうしようもなく汚いものに思えてしまうものです。スープ自体はなんら気持ちが悪いものではありません、しかし嫌悪するもの――ハエ――

がほんの少しでもスープに触れたという不快な考えが、もうそのスープを食べられないものと思わせるのです。

第一章で、この嫌悪感を生む汚染という特質について最初に尋ねました。犬の肉がふるまわれたと聞いたら、シチューからその肉を取り除いた野菜だけのシチューを食べられますか、という質問でした。もしあなたがシチューの中身が犬の肉だったということに気分を害したのであれば、それが触れたものにも嫌悪感をいだくでしょう。なぜならば、シチューの味が嫌いだという好みとは違い、嫌悪感は観念だからです。それは食べ物が何であるかというよりも、食べ物に対する考えや信条を呼び起こすからです。汚染されたという嫌悪感のために、ヴィーガンの人たちは肉、卵、乳製品を使った、あるいは一緒に料理された食べ物を避けようとするのです。*

*興味深いことに、ヴィーガンの多くは卵や乳製品に対しては肉よりもあまり抵抗を感じない傾向にあります。この現象に関する研究はまだ進んでいませんが私は次のように思います。卵と乳製品の製造は暴力を伴わなくとも可能である筈だと見えるから（実際にはそのようなことはほぼ不可能であるのに）、これらの食品に対しては、肉と比べてあまり道徳的に不快感をもよおさず、それ故に嫌悪感も生じないのではなかろうかと。

マトリックスの中のマトリックス：カーニズムのスキーマ

カーニズムは社会システム、社会のマトリックスです。しかしそれと同時に心理学的なシステム、思考のシステムであり、内なるマトリックスだと言えるのです。つまりそれはマトリックスの中にあるマトリックスです。私たちの意識の溝を維持するために存在するのは社会のマトリックスも心の中のマトリックスも同じです。この心理的マトリックスを私はカーニズムのスキーマと呼ぶのですが、それは認知の三本柱によって構成されており、本書で述べてきた防衛機制や信条も含まれます。カーニズムのスキーマは、広く行きわたっているカーニズムのマトリックスと私たちをつなぐプラグのようなものです。

第一章で述べましたが、スキーマは私たちが世界を見る際のレンズのような役割を持ち、入ってくる情報を整理したり解釈したりする精神的分類システムとして働きます。カーニズムのスキーマは、私たちにどの種の動物が食用で非食用か指令を出し、私たちが動物性食品を食べる時にどのように感じるか――もっと正確に言うと、感じるか感じないかさえも――決めるのです。

しかしスキーマは情報を分類するだけではなくフィルターにもかけます。私たちは既存の憶測を確証するもののみに気がついたり、それを覚えていたりする傾向にあります。心理学者はこの現象を確証バイアスと呼びます。カーニズムのスキーマは意識の溝を維持する情報のみを選んで取り入れ、溝を埋める恐れのある情報の認識は歪めるのです。つまり、私たちが何に気づき、気づいたものをどう解釈し、それを覚えているかどうかを決定しているのです。第二章で、私が大学の授業で行った思考実験を紹介しましたが、その中で学生たちは豚のことを頭が悪くて嫌なものと発言しました。後に、これらの学生たちの中には、そう信じてきたことがくつがえされるような経験をしたという人たちも出てきました。ですが、このような経験にもとづく情報はすぐに忘れられます。カーニズムのスキーマがもともとの豚に対する考えを呼び戻すからです。確証バイアスに関するもう一つの例は、動物が屠殺される過程のフィルム映像を見て人々が感じた苦痛がしばしば、その後いかに「消えて」しまうか、ということです。

トルストイ・シンドローム

心理学者が「確証バイアス」と呼ぶ現象は、自分の信条には盲目になりがちな人間の傾向について書いたロシアの作家にちなみ、トルストイ・シンドロームという名前でも知られています。トルストイは次のように言いました。

たいていの人は――非常に複雑な問題にも毅然と立ち向かえる人であっても――シンプルで明白な事実を認められないものだ（…）もし人生という織物をつむいできた糸が間違いだったと認めなければならないような事態になったとしても。

情報を歪め、それによってナンセンスなことまで完全に道理にかなうように見せかけるカーニズムのスキーマはまた、私たちがシステムの不条理を見ぬけない原因でもあります。豚が自分が料理されるバーベキューグリルの上で楽しそうに踊ってる広告や、視聴者に美味しいから食べて！とアピールするエプロンをした鶏の広告はその良い例です。アメリカ獣医協会の獣医師宣誓書によると、「自分は身につけた技術を動物を苦しみから解放する（…）目的にのみ使用する」とのことですが、多くの獣医師たちは単純に肉が好きだという理由で動物を食べています。ベジバーガーの味は本物の肉とほぼ変わりませんが、それでも人はハンバーガーを諦めることができません。そういう人たちは、ベジバーガーをよくよく味わってみるとやはり食感が本物の肉とは違うなどと言うのです。人間の好みを何十億もの動物の命よりも優先することの不条理に気づくためには、カーニズムのスキーマを脱構築するしか方法はないのでしょう。

カーニズムの出口：カーニズム的マトリックスの裂け目

カーニズム体制は不条理、矛盾、そしてパラドックスだらけです。それは防衛機制の複雑なネットワークによって要塞化しているために、人々は疑問を持たず信じこみ、考えずに知識を取り入れ、感じずに動きます。それは私たちに巧妙で常套化した思考鍛錬を強制するシステムであり、それが私たちを真実から遠ざけるのです。ならば、こう問わずにはいられないでしょう、なぜすべてがアクロバティックなのか、と。どうしてこの体制は存続するために、そこまでのことをしなければならないのでしょう？

答えは簡単です。私たち人間は動物のことを気にかけるし、また真実を知りたいと思うからです。そしてシステムは私たちが気にかけないことで成り立っており、ごまかしの上に成り立っているからです。カーニズムはトランプで作った家のように壊れやすくばらばらなシステムなので、それを支えるまさに私たちから身を守るために、強靭な護身対策が必要なのです。

映画『マトリックス』のように、カーニズムのマトリックスは私たちがカーニズムの幻想の中で生きている限り、そしてシステムに自ら進んで参加する場合にのみ、私たちの心を幽閉することができます。そして嘘で固められた世界に生きることを容認する人にだけ、真実を遮断することができるのです。モーフィアスがネオにこう説明します。

目を見れば分かる。見たものを受け入れる顔をしている。目覚めたいからだ。（…）ここへ来た理由を教えてあげよう——君には分かるからだ。言葉にできなくても直感で分かる。ずっと感じてきただろう。今の世界は何か変だ、得体の知れぬその思いに攻め立てられて、頭がヘンになりそうだ。（…）心を解き放つんだ、ネオ。入り口までは案内するが、扉は君自身で開けろ。

あなたも、ネオのようにこの世の中で何かが間違っていると感じているからこそ、今この本を読んでいるのではないでしょうか。あなたは、カーニズムのマトリックスから外へ一歩踏み出し、システムがあなたから必死になって遠ざけてきた共感を取り戻す準備ができているのです。共感こそがカーニズムの出口に通じており、より公正で思いやりに満ちた世界へのドアを通り抜けるのを手助けしてくれることでしょう。

第七章

目撃証人になること
カーニズムから慈悲へ

「失意にある時、人は真実を見る」

セオドア・レトキ

「私たちの孫の世代がいつか尋ねるだろう。動物たちのホロコースト時代に生きていたでしょう？　この身の毛もよだつような犯罪をただ見過ごしていたの？　自分たちは知らなかったなどという言い訳は二度と通じないだろう。」

ヘルムート・カプラン

一九九五年一一月のことです。ニューイングランド地方の屠殺場で解体場へ通じる回転ドアを通過する順番を待っている牛の中に「エミリー」と名づけられた牛がいました。辺りには血なまぐさい匂いが漂い、入り口の向こう側へと消えていった牛はもう二度と戻ってきませんでした。エミリーは何かを感じとったのでしょうか、突如として列から飛び出し、あたりを囲う一・五メートルの柵をめがけて全力疾走し、六八〇kgもある体で柵を飛び越えました。エミリーは森の中を逃げ回り、半信半疑で追いかけてきた作業員たちの追跡から逃れたのです。

ニューイングランド地方の中心にあるマサチューセッツ州の小さな田舎町ホプキントンの森で、エミリーは日夜厳しい寒さの中四〇日もの間、追っ手から逃れ身を隠しました。エミリーが脱走した屠殺場のオーナーであるA・アリーナ&サンズ社は、彼女を捕まえ連れ戻すつもりでいましたが、一方で近隣に住む人々はエミリーの自由をかけた逃亡をなんとかして手助けしたいと思っていました。地元の農家はエミリーが生きながらえるようにと干し草の俵を森に運んだり、住民たちは彼女の隠れ場所について警察にわざと嘘の情報を流したりしたのです。

この騒動の起こった付近に、ルイス&メーガン・ランダ夫妻が創立した非暴力の生き方を学ぶ精神修行施設であるピースアビーがありました。ランダ夫妻はA・アリーナ&サンズ社からエミリーを買い取りたいと申し出たのです。夫妻はエミリーがピースアビーの敷地内の小さなシェルターで人生を全うすることを望んだのです。屠殺場のオーナーであるフランク・アリーナはエミリーのストーリーに心を動かされ、本来であれば五万円の価値のあるエミリーを夫妻にたったの一〇〇円で売ることにしたのです。この予想外の善意に満ちた行動は連鎖を呼び、映画プロデューサーのエレン・リトルはエミリーの逃亡劇を作品にする権利を、彼女の一生にかかる費用を賄うのに十分な金額で買い、さらにエミリー用の新しい小屋と、動物愛護について学ぶ教育施設を隣接して建てるために一〇〇万円も寄付したのです。

集団の中の一頭だったエミリーは個性を持つ存在となり、彼女のことを知った多くの人間の心に思いやりの感情を呼び起こしました。エミリーの話を聞いただけで肉を食べるのをやめたという報告が世界中から届きました。カーニズムの防衛機制が崩れ、思いやりの気持ちがそれに代わったのです。そうでないとしたら、日常肉を普通に食べる住人や農家の人たちが、屠殺場から逃げ出した牛をなぜ助けたというのでしょう？ 屠殺場のオーナーが、いったいどうして食肉となるはずであった牛を、ヴィーガニズムについて学ぶ教育施設が併設された動物シェルターに譲ったというのでしょうか？

エミリーはピースアビーで残りの人生を過ごし、一〇歳になった時子宮がんで息をひきとりました。エミリーの追悼式は世界中で関心の的となり、彼女に捧げられたお別れの言葉は一時間以上も続きました。その一部をここに紹介しましょう。エミリーのストーリーの真髄を表す部分です。

エミリー、君は僕ら人間に新たな気づきをもたらす触媒のような存在だったんだよ。君の大きくてキラキラと輝く褐色の目は、言葉以上に沢山のことを僕たちに教えてくれたね。（…）君は言葉を使わずとも、この世界ですべてを包み込むような思いやりが一刻も早く必要だということを証明してくれた。（…）世界中の全ての屠殺場が閉鎖されるまで、あらゆる場所で命あるものすべてがお互いを思いやる心を持てるようになるまで、エミリー、君にはまだ「哀悼」の意を捧げられないし、本当の意味での終焉はおとずれないんだ。僕はそれを実現するために君なき後もこれからずっと頑張っていくよ。君の勇気ある人生の旅は、決して諦めてはいけないと僕に絶えず思い起こさせてくれる。エミリー、君は絶対に諦めなかったからね。[210]

エミリーのたどった人生は私たちの記憶に残り続けることでしょう。カーニズムという暴力的な体制が、私たちに真実を知られぬよう目隠ししていること、この暴力的な体制の存続を許してはならないことを思い出させてくれるのです。そしてその真実とは、何十億もの家畜が不必要に苦しめられているということであり、また私たち人間は本来気づかう生き物だ、ということです。

ピースアビーのエミリーの墓には彼女の特徴をよくとらえた等身大の銅像が建てられました。「聖なる牛エミリー」と刻み込まれているこの銅像は、カーニズムの犠牲者である何十億もの名もなき動物と、動物の解放のために戦う無数の人たちの目撃証人としてそこにあるのです。この聖なる牛の像は、目撃証人となることの尊さを体現しているのです。

心の目で見る：目撃証言の力

前回ピースアピーを訪れた時、私はそこにあるすべての記念碑の前で立ちどまりました。空高くそびえるマハトマ・ガンディーの銅像を見上げた時、彼の持っていた世界観を感じました。この世界は、暴力と苦しみに溢れているけれども美しく無限の可能性を秘めた場所でもあるということです。そして一九三〇年の塩の行進で、インドの人たちが非暴力による解放運動の名のもと自分たちの人生を捧げた、その威厳に私は思いをはせました。「戦争で亡くなった罪なき一般市民たち」と刻まれた墓石のような記念碑を見た時には、私は再び人類が経験したパラドックスについて考えました。イラクの市街地やカンボジアの草原、形も大きさも肌の色も年齢も異なる遺体が散乱しているニカラグアのジャングルを心に描く一方で、私は四〇万人もの人といっしょに二〇〇三年二月一五日に凍えるほど寒いニューヨークで、迫り来るイラク侵攻に抗議して平和のためのデモ行進をしたのを思い出しました。それからエミリーの銅像の前で私は、この世に生まれてきて、命がありながらモノのように扱われるのがいったいどのようなことかと想像してみました。薄暗い工場とその中に押し込められている無数の動物の恐怖と無力感を思い浮かべてみました。また、米国人道協会の秘密調査員のことも考えました。彼らが屠殺場での動物に対する残忍な虐待行為を秘密裏にビデオに録ったおかげで実態が明るみに出て、その記録を見た一般大衆は怒り、しまいにはアメリカ史上最大の牛肉リコール事件にまで発展したのです。それぞれの記念碑の前で、私は銅像となった人物や牛の目を通して世界を捉えました。そうして私も目撃証人となったのです。

目撃証人になると、単なる傍観者として振る舞うことは難しくなります。なぜならば、私たちは目撃している体験と情緒的に繋がり、共感するからです。そうすることによって、カーニズムの暴力を持続させるのに必要な意識の中にある溝を埋めることができるのです。

第一章で述べたとおり、この意識の溝というのは私たちの認知過程において欠落した部分です。具体的には、私たちが肉、卵、乳製品とその源である動物とを意識上で関連づけられないことをいいます。まさにこの溝が、私たちが覚える不快感が共感へと繋がらないように阻んでいるのです。さらに私たちが肉を食べる時に、自身の価値観と行動が一致していないことに気づかないようにもします。しかし目撃証人となることで真実に繋がるので溝は埋まります。私たちはシステムが懸命に隠そうとする動物への虐待を目撃し検証し現実に起こっていることとして認識し、これまでの自分たちの態度を振り返ります。そうすることは、カーニズムの実践の真実に私たちをつなげるだけでなく、自身の内にある真実、共感にも気づくことができるということです。こうして私たちは他者に対するだけではなく自分自身に対する目撃証人ともなるのです。

個々の人々がそうすることで、それぞれの意識の溝が埋まるように、目撃証人が集団になると社会の意識の溝を埋めることができます。その集団は社会に向けて情報を発信し、世論を動かすことにも繋がります。それによりシステムの価値観や実践はより整えられるでしょう。人類史上のあらゆる残虐行為は、直面するには辛すぎる現実から目をそむけた大衆の手によって行われましたが、一方で数々の平和と正義のための革命は、自らが目撃証人となり、またまわりの人にもそうなるよう求めた集団によって成し遂げられました。正義を訴える社会運動の目的はいつも目撃証人の数を増やし集団となることです。そうすることで、社会の実践がその価値を反映するようになるからです。このような運動は、その数が限界質量―つまり権力の天秤が運動に有利に傾くのに十分なほどいれば―成功します。目撃証人が集団になることがカーニズムにとってただ一つの最大の脅威となりえるので、システム全体がそれを防ぐために組織されています。実際のところ、カーニズムの防衛機制の唯一の目的は目撃されないことのなのです。

目撃証人となることはデモ行進、キャンドル・ビジル、秘密調査、ロビー活動、また創作活動など、いろいろな形態であり得ます。それは歴史的に見ても次のような創造的な行動となって表れてます。一九六〇年代の革命歌や、全長八四㎞にもわたり九万一千人以上の名前が縫いつけられたエイズメモリアルキルト、毎年三百万人もの人が訪れる巨大なベトナム戦争戦没者慰霊碑、二〇一七年三万人が行進したイスラエルでの動物愛護デモ、エクスティンクション・レベリオンが主催した世界中のあらゆる場所での自然保護を訴える市民運動などです。

目撃証人になるということは、変革を求めることによる破壊に対する人間の自然な反応に思われます。名高い精神科医であるジュディス・ハーマンはこう言っています。「通常私たちは残虐行為を目にするとそれを意識の中から追い払おうとします。（…）しかし、残虐行為は決して記憶から葬り去られることはありません。残虐行為を否定したいという願望が強く沸き起こるのと同じくらい、否定するのは不可能だという確信が強力に芽生えるのです。[211]」さらに続けてハーマンは、とても言葉にすることができないようなことも言葉にして表すことは、否認と抑圧の障壁を克服し、すさまじい創造のエネルギーを解放するとも言っています。

共感は生まれつき？

最近の研究は、共感には生物学的な根拠があるかもしれないことを示しています。言い換えれば人間も（人間以外の動物もある程度は）、生まれつき共感能力を持つということです。科学者たちは、刺激に対して反応する神経細胞ミラーニューロンが、本人が行動を起こしている時にも、ただ単に他者の動きを見ている時にも反応をすることを発見しました[212]。例えば、誰かがボールを蹴ったり、泣いていたり、痛めつけられていたり、虫が足を這い上がってきて身もだえしているのを見た時、それを見ている人も、まるで自分にも実際に同じことが起きているかのように脳の中で反応をするのです。ですから私たちは、意図して相手の立場になろうとしなくても同じように感じるので、ある程度は相手がどのように感じているのかを理解できるのです。

　この発見には重要な意義があります。もし共感が私たちの脳に既に組み込まれている無意識の反応だとしたら、私たちにとって他者が感じていることに共感するのは自然なことです。もし共感できないのであれば、それは私たちが自然の衝動を無視している、ということになります。そうであるならば、カーニズムの防衛機制は実のところ、人間の自然なあり方に背くよう機能しているのではないでしょうか。

無関心から共感へ

あらゆる暴力のシステムにとって目撃証人が集団になることは脅威です。なぜならば人々がその真反対である解離状態にあることでシステムが存続しているからです。解離はカーニズムの中核となる防衛機制であり、精神的麻痺の要となり、あらゆる防衛手段がこの中心的なメカニズムを支えています。解離は私たちを自分たちが体験する真実から心理的、情緒的に断絶し、解離状態ではまるでその場にいないような、意識がはっきりしない感覚になります。

他のメカニズムと同様、解離は時には適応性がありメリットとなることもあります。誰かが何かにみまわれた時、そのストレスに心が押しつぶされてしまわないように、無意識に解離を経験することはよくあります。そうした感覚を「その場から抜け出した」感じとか「体外離脱体験」と描写する人もいます。しかし、解離は不適応でもあり、暴力に対して応酬するのではなく、それを永続させるのに利用されることもあります。もっとも極端な場合、解離によって二重人格を発達させ、自分に乗り移った別の「私」が他者に暴力をふるうということも起こり得ます。精神科医のロバート・J・リフトンは著書『ナチスの医師たち』でこの現象について触れています。その中で医師が日中殺しをはたらき、夕方には家族の待つ家に帰り、夫や父として一見普通に過ごしていたと書いています。しかし、たいていは解離したとしても、人を殺すことができるほどではありません。できたとしても、誰か別の人が人殺しを行うのを補助する程度です。肉を食べることに関して言うと、解離は自分がしていることと、それに対して本当はどう感じているのかというつながりを遮断します。解離は、本心を反映した選択ができないほど、私たちを本質的に無力にするのです。

解離の代価を払っているのが食肉用の動物だけでないことは、驚くべきことでも何でもありません。解離は自己認識を制限することにより、私たちの人間的な成長を妨げます。昔から主だった心理学や精神世界においては、自己とのつながり、つまり統合が人間の成長におけるゴールとされてきました。統合とは、私たちが持つさまざまな側面を調和の取れた全体にまとめることです。さまざまな側面とは例えば体と心と精神、原我《エス》（自我の基底をなす本能的衝動）と自我《エゴ》と超自我《スーパーエゴ》、価値と信条と振る舞いなどです。解離と同様、統合は全か無かの現象ではなく、グレーゾーンの中にあります。人は統合すればするほど、より一貫した人格となります。ほどよく統合している人ならば、職場で見せる顔と家庭や友達同士の間で見せる顔は、基本的には変わらないでしょう。

目撃証人になることは統合性を高めます。繋がりを促す行為だからです。これが個人レベルで起こったら、自分の内なる経験に繋がるでしょう。そして社会レベルでは他者の経験と繋がるのです。ですから目撃証人になることは、カーニズムにとって致命的なのです。目撃することは解離をかき消し、より統合した社会に導きます。統合した社会では、動物が好きと言いながらそこらじゅうで行われている動物虐待を容認するような人は存在しえないでしょう。

抵抗の目撃

目撃することがどんなに大きな変革をもたらす力を携えていようと、カーニズムの現実を直視することを拒む人は大勢いるでしょう。この抵抗を乗り越えるためには、その原因の根源を理解して、つまり、抵抗が何に由来しているのかについて目撃することが必要です。

抵抗が生じる最も顕著な理由は、システムが要塞化されているからです。第五章で、システムが人間を目には見えない「最も楽な道」を歩ませることによって、いかに私たちの考え、感情、そして行動を支配するかを検証しました。この道は、システムの主張に従って物事を信じ行動することを「普通」の生き方と定めます。支配体制というのは、規範に従って生きるよう導くことによって、その支配力を持続させます。そして、目撃証人になるというのは、この最も楽な道から抜け出すことなのです。

カーニズムの真実を目撃することを拒む別の理由は、知るのがとても辛いことだからでしょう。何十億もの動物が経験する激しい苦しみとそれに自分自身が加担しているということに気がつくと、痛みを伴う情緒が溢れてくるに違いありません。動物が〝苦しんでいること〟に対する悲しみ、システムの不正義や欺きに対する怒り、この問題が途方もなく巨大であることに対する絶望、これまで信頼してきた権威や制度が実は信頼に値するものではなかったことへの不安、そして自分自身がこの問題に加担していたという罪の意識。真実を知ることは痛みを伴います。共感するということは文字通り「共に感じる」ことなのです。痛みを感じることを選ぶのは、人間が快適に過ごすことに焦点が当てられている文化では非常に難儀なことです。そうした社会では、痛みというのは極力避けるものであって、誰もが「知らぬが仏」と考えるからです。知ることへの抵抗を減らすには、個人的な愉しみの代わりに誠実さに、無知の代わりに統合に価値をもたせることが必要です。

カーニズムの現実を認識することへの抵抗に関してもう一つ考えられる理由は、この問題があまりにも大きすぎて、どこから手をつけてよいか分からず無力感にさいなまれるからです。もしある問題を解決するのに、それが今すぐにそして完全な形で成されなければ意味がないと思うのであれば、この問題に取り組む勇気はなかなか持てないでしょう。しかし、変革というのは—特に重要な変革である場合は—段階的に成し遂げられるものであるということを受け入れる必要があります。目撃証人になることの一番の効力はエンパワーメントをもたらすことです。それは私たちの内なる価値観と振る舞いを統合することで、自分自身に変革をもたらします。ヴィーガニズム活動家のエディー・ラマがこう指摘しています。「動物たちがこれからも苦しみ死に続けることは分かっているが、僕のためでないことは確かだ。」[213]

最後にもう一つ、カーニズムの本質に触れたくない、より根本的と思われる理由があります。それは、もし人類が動物を殺し食べるものではないとするならば、人類としてのアイデンティティへの疑問が沸き起こるからです。目撃することによって、人間がいわゆる食物連鎖の頂点に立つのではなく、生命が絡み合った網のなかで立ち往生しているように見えてしまうのです。これは人類の優越性に疑問を投げかけます。人間が何千年ものあいだ懸命に否定し続けてきた自然界との相関性を認めざるをえなくします。それでもなお、真実を知ることは究極的には解放への道なのです。人間が切り離され、ばらばらになった世界の孤立した断片ではなく、広大な生命の集団の一部であると気づく時、一人でいる時よりもっと大きな力へとつながるのです。「権力を持たないものは生きる権利も失う[214]」とはヒトラーの信条だったそうですが、そのような征服と服従を基盤にしたシステムを、私たちはもうこれ以上支持する必要はないのです。作家のマシュー・スカリーも言うように、「酷使され、壊され、殺される[215]」中で命を測るものではないことを私たちは学ぶのです。

カーニズムの真実を知ることに抵抗するのと、反対に知りたいと望む理由が実は同じだということは、まさにパラドックスです。理由は、私たちは他者を思いやることができるからです。これが、システムのまるで精巧な迷路のような構造の下に埋め込まれている、究極の真実なのです。思いやる気持ちがあるからこそ、動物への暴力から目を背けたくなり、目撃証人になることを強制されていると感じるのです。このパラドックスを克服するには、目撃したことを統合する必要があります。つまり自分自身を目撃しながらカーニズムの真実を目撃しなければならないのです。私たちは、動物に対して持つ思いやりを自分自身にも向けなければなりません。それにより自分を裁かずに沸いてくる感情を目撃することができるでしょう。私たちもまた、私たちを最も楽な道へと導いたシステムの犠牲者であることを認識するのです。しかし私たちには別の道を選ぶ力があります。それは隠蔽し、強制を強いるシステムによる心理的な束縛から解き放たれることを、自分自身で自由に選択することができる、ということです。

時代精神の目撃証人であること

カーニズムは社会で広範囲にわたって浸透しているにもかかわらず、システムは今後脆くなり、そして変革を促すべき時は熟したと考えられる理由があります。例えばますます多くの人が環境危機に気づき始め、動物愛護への関心は高まり、ヴィーガニズムの信頼度も人気も以前に比べてずっと増え、そしてカーニズムとヴィーガニズムの両方に関する情報はかつてないほどに得やすくなりました。

第三章と第四章で言及しましたが、畜産は気候変動を含む地球環境破壊の主な原因でもあります。[216] 二千数百kgの肥料から排出されるメタンガスはオゾン層を破壊します。家畜に与えられる何トンもの化学製品——合成ホルモン剤や抗生物質、殺虫剤、殺菌剤——からは毒素が流出し、空気や水を汚染します。数百ヘクタールもの森林地帯は飼料作物を植えるために伐採され、土壌浸食と森林破壊が起こります。淡水は満ちる間もなく次々と貯水池から奪われます。漏れ出した化学肥料が川に流れ込むことにより微生物が増殖し、水生生物を死に追いやっています。著名な科学者たちは、大規模食肉加工工場がそのやり方をこのまま続ければ、生態系が破壊されるのは必須だと声を揃えます。世界中で環境保護が重要な課題となってきており、そうした動きは環境に配慮したグリーン製品、刊行物そして政策の拡大にも見て取れます。人々は生態系の持続可能性に大きな関心を寄せるようになり、カーニズムの実践に懸念を持つようにもなってきました。

さらに、人々が家畜動物の保護に興味を持ったり、ヴィーガニズムを受け入れるようになってきたのは、ただの偶然ではないと思います。世界中のあらゆる場所で、家畜動物保護やヴィーガニズム普及を目的とした組織が数えきれないほど増えたことがそれを証明し、ヴィーガン食品産業も急成長しており(二〇一八年には全世界のヴィーガン食品市場は一兆数千億円ほどの規模でしたが、二〇一九年から二〇二五年の間には九・六%の年間平均成長率が見込まれています)[217]、ヴィーガンに関する書籍やジェームズ・キャメロンのヒット作『ゲームチェンジャー――スポーツ栄養学の真実』のような映画も多数登場しています。

ヴィーガニズムは、かつて過激なイデオロギーだとか栄養学的に怪しい食餌法だと考えられていましたが、今となっては主流となりつつあります。ヴィーガンはまだ少数派で、医療関係者の中にはいまだにカーニズムの神話にこだわる人たちも多く存在しますが、動物性食品を意図的に避ける人たちを疎外したり、病人扱いすることは五年前に比べて減りました。ヴィーガニズムを代表するのは、もはや一九六〇年代のヒッピーではありません。歌手のマイリー・サイラスや五回もミスター・ユニバースに選ばれ、ボディービルダーでもあるビル・パールといったセレブリティたちが、広がりを見せるヴィーガニズム運動の顔となっているのです。また数多くの研究により、植物由来の食品が栄養学的に動物性食品に劣るどころか、実はより健康的である可能性があることを、医学界が認めざるを得なくなってきています。ヴィーガン関連の書籍、食品、レストラン、そして団体がねずみ算式に増えていることは、ヴィーガニズム運動の規模と影響力が急激に増していることを示唆しています。

今がカーニズムに挑戦状をたたきつける時だという最後の理由は、システムの主要な防衛機制である不可視性が脆弱化してきていることです。畜産業界にとって、業界の秘密を一般の人々の前で隠し通すことが、徐々に困難になってきています。私たちにカーニズムの神話を信じ続けさせるために情報操作に頼ってきた畜産業界は、インターネットという誰でも簡単にアクセスでき、制御不能の情報源に悩まされています。カーニズムは「オズの魔法使い」のようなもので、システムが身を潜めているカーテンが開かれたら最後、その権力は事実上消え去るのです。

脅威は現実だ。
脅威は差し迫っている。
潜在的影響は巨大だ。

（「動物愛護と行動主義：何を知るべきか」と題されたパワーポイントの最後のスライド。二〇〇八年の Food Marketing Institute/American Meat Institute Meat Conference より。）

目撃証人として行動する：私たちにできる事

これまでにも述べてきたとおり、カーニズム特有の動物に対する広範囲に及ぶ暴力を目撃すると、人は無力感におそわれ、やり場のない気持ちにさせられます。しかし、あなたの人生、家畜の命そして地球環境に直接的な影響を与える手段であなたにできることがあるのです。

変革を起こすのに三つの重要なステップがあります。毎度の食事にできる限りヴィーガン食を取りいれること、ヴィーガン啓蒙活動に参加すること、そして情報のアンテナを張りまわりの人にも伝え続けること。簡単に言うと、ヴィーガンのアライ（味方）になることです。たとえ今完璧なヴィーガンでなかったとしても、ヴィーガニズムの考えを受け入れヴィーガンに力を貸すといったように。

動物性食品及び製品の消費をやめることは目指すべき目標ではありますが、脱カーニズムの過程で食事の際にそれらの量を減らすだけでも、動物や地球環境、そして自分自身に著しい好影響をもたらします。たとえば動物性食品を月に一、二度食べる人は、毎日食べる人に比べてずっと少ない数の動物を消費することになります。これは間違いなく動物を助けることになりますし、二酸化炭素排出量を減らすことにも繋がります。あなた自身のためにも良いことがあります。きっと、自分の価値観と振る舞いがより統合されるのを感じ、健康という収穫を得られることでしょう。

こうした変化に踏み切る時、自分はたった一人だとは思わないでください。世界中で何百万人もの人たちが、カーニズム体制を変革しようと、それぞれができることを行っています。あなたはその活動に加わったり、活動を支援すれば、一人で行動するよりずっと楽にできますし、もし、あなたのまわりにヴィーガンのグループや組織がなければ、ネットで繋がることもできます。組織とつながりを持てば、（脱カーニズムの）目標に貢献するための選択肢が与えられ、寄付をしたり、活動を手助けしたり、何かしら問題解決になるようなことがいろいろできます。（carnism.org. ではさまざまな例を紹介しています）

私たちはこの問題について学び、その学びをまわりの人たちと共有しつづけることができるし、しなければならないと思います。人はいとも簡単に忘れ、たやすく心が麻痺した状態に戻ってしまいます。カーニズムのスキーマがともすればあなたをカーニズムの精神状態内に連れ戻そうとすることを心にとめておいてください。もしあなたがアンテナを張り続け、この問題[*]への理解を深めるために努力をしなければ、動物性食品や製品に関する意識は薄れていってしまうでしょう。目撃証人でい続けることをあなたの信条にしてください。

カーニズムを越えて

大規模な食肉生産と消費を可能にしているメカニズムは、カーニズム特有というわけではありません。前述したように、カーニズムは数限りない暴力のイデオロギーや抑圧体制の一つに過ぎません。[**]イデオロギーというのはどれも人々の参加を必要としますが、ある人が十分に情報を得たことによってそのシステムに加担するのを取りやめる可能性がある

＊アンテナを張り続けるというのは、動物搾取の場面の画像や映像を継続的に見続けるということではありません。家畜の置かれている現状と彼らの苦しみを一度認識すれば、トラウマともなりえる情報に自身を晒す必要はありません。

＊＊このテーマに関しては『パワラキー　社会の変革の為の抑圧の心理学への理解』という本を最近出版しました。

のは、カーニズムとまったく同じです。ですから、カーニズムを知ることは、私たちが関与する他のすべての抑圧体制に対して、もう一度熟慮するきっかけになるのです。ＬＧＢＴＱ＋コミュニティのメンバーに対する嫌悪や差別、深く根差したアパルトヘイトの制度、ダルフールの大虐殺を可能にした議論と心理を考えてみてください。これらの事例では、実在した暴力はなかったと否定されたり暴力を正当化されたりと、大衆の支持を得るために情報は歪曲されました。

目撃することにも同じことが言えます。暴力のイデオロギーはすべて似たような構造的特徴を持ち合わせているので、カーニズムについて目撃証人になることは、他のシステムの目撃証人になるための骨組みとなります。目撃する力は脱カーニズムを拡張します。なぜならば、目撃証人になることは、誰かが何をしたか、という一回限りのことではなく、その人がどのようなあり方をしているのか、ということだからです。目撃することは孤立した行為ではなく、自分自身と世界を繋げる道であり。他者と相互関係を築く生き方なのです。そして目撃する力に限界はありません。*それどころか、目撃証人になることによって力を得るので、知れば知るほど、より目撃する力も増大するのです。思いやりと同様に、目撃証人であることの力は実践することで伸びるのです。

目撃する勇気

目撃することは勇気のいることです。他者の苦しみに心を開き、その苦しみを引き起こしているシステムの中に自分が好むと好まざるとにかかわらずも私たち自身がいることを認識するのは、簡単にできることではありません。アムネスティ・インターナショナルの元ディレクターのジェームス・オデアはこう言いました。

目撃証人になることは傷つけられた人、暴力を受けた人と共に立ち上がることです。目撃することは嫌悪と暴力という炎をあおることなく、、そうした要素に立ち向かう並外れた力です。実際、目撃証人になることの根本にある最強の力は苦しみの中にあるすべての生き物への思いやりです。…実のところ私たちは、決して傍観者ではありえません。皆当事者なのです。ある人はそれを感じ、ある人は

＊目撃することが辛いこともありますが、決して情緒的な危険を伴うべきではありません。目撃するということは、自分や他者の経験を精神的、情緒的に受け入れる状態であることを意味します。自分自身に非常にストレス度の高い情報に触れることを強制することではありません。動物の権利の擁護者の中には、食肉生産の恐ろしい現実を知り過ぎてトラウマとなってしまったケースもあります。このような目撃のあり方は不必要ですし、非生産的でもあります。

麻痺している、それだけの違いです。私たちは皆、変革されるべき世界のまっただ中に生きているのです。[218]

目撃証人になることは最も楽な道を拒否する勇気を伴います。逃走した牛のエミリーのように、私たちは人間の群れとして列に並ばされ、決められた道をそのとおりに進むよう教えられたのです。しかし、エミリーにように、私たちも列から離れ、生きる道を変えることができるのです。カーニズムの真実に以前から気づいていたか否かにかかわらず、この本を読む選択をしたあなたは、これまで歩んできた道ではない方向を進む勇気を証明したことにもなります。この本に書かれていることは挑発的で、物議をかもす内容ですし、心がかき乱されることもあったでしょう。ですから私は目撃証人になることは勇気がいることだと言っているのです。

目撃することは、人間の魂の可能性に気づく勇気も伴います。なぜなら信念、誠実さ、共感、思いやりといった人間が持つ最も尊い特性を奮い起こすからです。無関心、自己満足、私欲、そして「至福」の無知といったカーニズムの文化を保ったままの方が生きる上ではるかに楽でしょう。私がこの本を書いた理由は――それ自体は目撃行為そのものでもあるのですが――、人類として、私たちは本来最良の自己になるための努力をしたいという基本的願望を持ち合わせていると信じているからです。また、人間は皆、真実を知った時それに対して然るべき行動を取る力を持っていることも信じています。教師として、作家として、講演者としてそしてまた一個人として、このカーニズム研究を通して私は、何千人もの人々と交流する機会に恵まれました。その中で私は、彼らの勇気と思いやりを何度も繰り返し目撃したのです。以前はカーニズムに無関心だった学生たちが情熱的な活動家になったり、長年肉食を続けてきた人が食肉生産の映像を見て、もう二度と肉は食べないと涙を流したり、精肉業者が商品である肉と命ある動物の関連性に突然気がつき、動物を殺せなくなったり、屠殺場から逃げ出した牛を、普段普通に肉を食べる人たちが協力して助けたり、などです。

目撃証人になることで、究極的にはどちらの役割を担うのかという選択を迫られます。ジュディス・ハーマンは、集団暴力に直面するとすべての傍観者は、行動を起こそうが起こすまいがどちらかの側につくことを強要され、道徳的中立などはあり得ないと指摘します。ノーベル平和賞受賞者でホロコーストを生き残ったエリ・ヴィーゼルは「中立は迫害者のためにはなるが、犠牲者の助けにはならない。沈黙は苦痛を与える側を勢いづけるが、苦痛を与えられる側を勇気づけることは決してない」[219]と言いました。目撃証人になることは、役割を与えられるのではなく、自分の役割を自分で選択することを可能にします。そして犠牲者の側に立つことを選んだ人は、情緒的な痛みを感じるかもしれませんが、それは「最高の称賛に値することだ」[220]とハーマンは言っています。

おわりに

本書をこの世に初めて送り出してからはや一〇年が経ちました。この度、一〇周年記念として新版を発行し、この本が（触媒となり）人々の関心を呼びそして社会に一石を投じるであろうことを大変光栄に思います。

初版発行後の一〇年間について

今日までに本書は、これから出版されるものも含め一七か国語に翻訳されています。中には各国でベストセラー本になったり受賞歴を誇るものもあり、動物の権利に関する数々の文献の中でも、後世に語り継がれる教典のような作品となりました。二〇一〇年の初版発行の際の反響は大きく、その結果私は六大陸約五〇か国を訪れ世界中で講演を行うこととなりました。それによりBBC（英国放送協会）からABC（オーストラリア放送協会）に至るまで、あらゆる場所でメディアの注目を浴びたのです。さらに、本書は著者である私に数々の素晴らしい賞をもたらしてくれたのですが、ネルソン・マンデラやダライ・ラマに捧げられたアヒンサー賞まで授与される幸運に恵まれました。

この本は、私が国際NGO団体 Beyond Carnism を設立する基盤ともなりました。Beyond Carnism の使命は、グローバル規模でカーニズムの真実を人々に知らせ、ひいてはその体制を変革させることです。我々の活動の中でも非常に重要な位置づけにあるのは、私がトビアス・レーナールト（自称「ヴィーガン戦略家」）と共に行っている Center for Effective Advocacy(CEA) というプログラムで、地球上のあらゆる場所でヴィーガン擁護の動きを活性化させるために注力しています。トビアスと私は世界中を駆け巡り、ヴィーガンの同志を勇気づけるためにトレーニングなどを提供しています。

また本書を書いたことによって、ドイツのベルリンに ProVeg International という食物に対する意識啓発を目的としたNGOを共同創設するという道が切り開かれました。やがて私は創設者兼CEOのセバスティアン・ジョイと共に仕事をする（そして結婚をする）ためにベルリンに移住したのです。ProVeg は動物の消費を二〇四〇年までに世界規模で五〇％減らすことを目指しています。

本書はカーニズム的心理学とイデオロギーを検証し、それに挑むプラットフォームともなりました。数多くの社会科学者達が私のカーニズム論を経験的に精査し、また理論の正当性を評価して、カーニズムが偏見によってこり固められていることを理解する方法を導き出しました。

この本は、世界中のヴィーガンやその仲間たちを結ぶネットワークを構築したのはもちろんのこと、私にとっては元々行っていた分析をさらに深く広く突き詰め、新しいアイデアを生み出すための基礎となったのです。

カーニズム理論の展開：ネオカーニズムとカーニズムの二次防衛

本書が発売されてすぐに私は、カーニズムに対する持論を世の中に広め始めました。その中で、より多くの人が畜産業界の不公正に意識を向け始めたと同時に、ヴィーガニズム（つまり脱搾取主義）に対する反発も起きていることに気がつきました。

カーニズム体制は挑戦状をたたきつけられた形になりましたが、システムを補強するために新しいタイプの「カーニズムの逆襲」という現象が現れ、私はこれにネオカーニズムと名づけ二〇一二年に記事を書きました。ネオカーニズムには三つのマニフェストがあり、それぞれがヴィーガニズムの三つの柱「動物福祉、環境保護、人類の健康」を揺るがせる目的でカーニズムの正当性を主張します。ネオカーニズムは三つのN「動物を食べることは普通（Normal）で自然（Natural）で必要（Necessary）であるという考え」の正当性を支持し、「動物を食べないことは異常で、不自然で、不必要だ」とカーニズムの神話を唱えます。

私はこのネオカーニズムが、「人道にかなった」肉、卵、乳製品もあるという信念を掲げていることから「思いやりのあるカーニズム」と呼ぶのですが、こうした新しいタイプのカーニズムの主張が、ヴィーガニズム精神に基づく動物愛護に対する反発を引き起こしているのです。もし家畜動物への福祉が本当に実行可能であるならば、ヴィーガニズムという考えは本来不必要だったことでしょう。家畜動物に対する福祉というのは、現代の畜産業界が支配するシステムでは実現不可能ですし、そもそも家畜動物は人間の搾取のために、人間の手によって作られるのですから、その存在自体が福祉とはまったく正反対の立場に置かれていることを鑑みると、家畜動物に最低限の幸福と援助を提供するという福祉理念は、決して実現しないでしょう。思いやりのあるカーニズムは「動物を食べるのは普通で、食べないのは異常だ」という神話を唱えます。畜産業界は、ヴィーガニズムは過激で厳格だと印象づけ、同時に「人道的な」肉、卵、乳製品を引き合いに出すことで、思いやりのあるカーニズムを、工場式食肉加工工場の残酷さとヴィーガニズムにおける彼らが主張するところの厳格さの妥協点のように見せかけます。言い換えると、動物性食品を摂取したい人は今後も気兼ねなくそうすれば良い、なぜなら自分が口にしている食品の元である動物は「人道的に」扱われている、あるいは残酷な目に合わず殺されたと信じれば、良心が咎められることはないということです。

　ネオカーニズムの中でも私がエコカーニズムと名づけたものがあります。これは、地元産の食品を消費することにこだわる人に多く見られるのですが、一部グルメ志向の人にもあてはまります。エコカーニズムは狩りや自分で家畜を飼育し屠殺するのは自然で健康的であり、その一方でヴィーガニズムはただの流行りで、現代生活からの逸脱だと言います。ヴィーガンのことを過度に繊細で気難しい都会人と決めつけ、人間が摂り入れるべき食物の本来の源を断ち切り、だから現実離れしているのだと思い込んでいるようです。

エコカーニズムは、「動物を食べるのは自然で、食べないのは不自然だ」と主張します。エコカーニズムに傾倒する人によると、健康的な食事をして生きていくためには、人間は自然に戻るべきだそうです。つまり、人が自力で土地を耕したり動物を屠殺する時に自らの手が汚れることを疎ましく思わなかった大昔のそうした人間性と自然界のことです。エコカーニズムは人間が動物を屠殺することに抵抗感を感じずにいた、我々の雑食性の歴史を賛美します。思えば、一昔前までは私たち人間は人を殺すことでさえ、さほど気にしてはいませんでした。古代ローマ時代の剣闘士競技や公開処刑などのことを私は言っているのですが、今日こうした慣習を復活させようという話にはならないでしょう。なぜなら、私たち人間は共感や慈悲の心を育むべきだと気がついたからです。

ネオカーニズムの中にもう一つ、バイオカーニズムと私が呼ぶものがあります。これはヴィーガニズムは不健康だと攻撃することをそのマニフェストとしています。バイオカーニズムはパレオダイエット（旧石器時代の原始人の食事にならって野菜や肉・魚などの動物性たんぱく質を中心に摂取し、穀類や糖質を避ける食生活をすることによって、ダイエットしようという食餌方法〕やケトジェニックダイエット〔高タンパク、高脂質、超低炭水化物食」をし脂肪を減らしていくダイエットのこと。「糖質制限ダイエット」とも言われる。〕といった一時的な流行スタイルに見られるのですが、「動物を食べるのは必要で、食べないのは不必要だ」と主張します。

「カーニズムの逆襲」を分析するにあたり、私はカーニズム的防衛機制が二種類存在することに気がつき、この現象については二〇一三年に記事に書きました。カーニズムや、その延長線にあるさまざまな抑圧的体制というのは、システムへの反対勢力よりも優位にある場合に限り存続するのです。ですから、カーニズム的防衛機制は両極端の目標を成し遂げる必要があり、その目標とはカーニズムの有効化とヴィーガニズムの無効化なのです。私は前者に働く防衛機制を一次防衛、後者を二次防衛と捉えています。

二次防衛はヴィーガニズムを、イデオロギー、運動、ヴィーガンの三段階に分けて無効化しようと試みます。イデオロギーに対しては、例えばヴィーガニズムは異常で、不自然で、不必要だと触れ込んだり、運動に関してはヴィーガニズムとはただの流行に過ぎず、世界中のどこを見ても運動などは起こっていないと否定をしたり、ヴィーガンについてネガティブで誤った先入観を広め、そのせいで肉を食べる人（ノン・ヴィーガン）はヴィーガン側からの情報に警戒心を持ってしまいます。自分に都合の悪い情報（カーニズムの真実）を気にするくらいなら、その内容を共有する人（ヴィーガン）を無視してしまえ、という感じです。また、ヴィーガンは感情的になり過ぎる、動物好きで感傷的な人とイメージされがちですが、感情的になり過ぎる人は理性がなく、そして理性のない人の言うことには耳を傾ける価値がないとまでされています。悲しみや怒りというのはまったくもって道理にかなった感情で、カーニズムのような残虐性に対する自然な反応だというのに。私は、伝染性のある無関心の方が、最終的に世の中にはびこるカーニズムのゾンビ化をもたらし、もっと大きな懸念材料だと思います。しかし、残念なことに反ヴィーガン的先入観は挙げればきりがなく、そのせいで人々は、自分たちが気づかぬうちに閉じ込められているカーニズムの檻から解放されるために必要な情報を拒絶してしまうのです。このようにカーニズムの二次防衛はヴィーガンに関する誤った先入観が世の中に浸透し続けるよう機能しているのです。

カーニズムを超えて：関係リテラシーとパワラキー

スピーチやトレーニングなどのヴィーガニズム運動を通して私は、ある懸念すべき事象が生じていることに気がつきました。イベントに参加した多くのヴィーガンたちが皆似通った悩みを打ち明けてくれたのです。それは彼らがヴィーガンになるという選択をしてから、ノン・ヴィーガンの人たちとのコミュニケーションが難しくなり、人間関係まで崩壊してしまったというような話です。同じような事例がEメールやFacebookでも数多く私に寄せられました。ヴィーガンだけでなく、ベジタリアン、そしてヴィーガンやベジタリアンが身近にいる肉食をする人が、どのように異なる考え方を持つ人との関係性を保ち、問題性をはらんだテーマに関しても上手く対話するべきか、助言を必要としていることは明らかでした。

彼らの訴えはもちろんのこと、この世界は誠実に生きようとするだけで大切な人を失うという代価を払わなければいけないのだという皮肉に、私は心を痛めました。また、私にはリレーションシップコーチとして長い経験があり、これまで目にしてきた人間関係における苦しみの多くは、正しく対処すれば防ぐことも乗り越えることも出来るのを知っているがために、悔しささえ覚えました。

次第に私は、人間関係の破綻と意思疎通の断絶がヴィーガンにとって途方もない代償となっており、ひいてはヴィーガニズム運動そのものにも悪影響を与えていることに気づき始めました。事実、安定して満たされた恋愛や夫婦関係にある人たちは、人生の何においても心地良い生活をしてるという研究結果も出ています。彼らは長生きをし、より健康的で、幸福度も高く、そして仕事でも成功を収めています。ですから私は、パートナーがいないということだけではなく、パートナーがいてその関係性が崩れてしまうことが、ヴィーガンにとってどれほど大きな問題であるかということが容易に想像できます。

ヴィーガニズム運動に本来であれば注げるはずの巨大なエネルギーが人間関係の苦悶に吸い上げられてしまうのです。

本書が出版されて七年が経った頃、更なる執筆活動はしないつもりでいました。しかし、心理学者であり、リレーションシップコーチであり、そして長年ヴィーガン活動家である私は、ヴィーガンとノン・ヴィーガンの人間関係とコミュニケーションについて書くことのできる独特の立場にいたわけです。こうして、新しい本を書くのに力を注ぐことになりました。入手できる限りの膨大な数の研究材料の解析や分析に没頭し、その結果を私自身の理論、洞察と統合し生まれたのが「Beyond Beliefs : A Guide to Improving Relationships and Communication Among Vegans, Vegetarians, and Meat Eaters」(信念を超えて　ヴィーガン、ベジタリアン、肉食の人のためのより良い人間関係とコミュニケーションガイド)です。

この本の中で私は「関係性の回復力」という概念について説明しています。「関係性の回復力」とは健康的な人間関係の青写真のことで、特に恋愛関係にある二人のうち片方がヴィーガンやベジタリアンの場合に使える手法として紹介しています。例えば、カーニズムが如何にヴィーガンとノン・ヴィーガンの関係性を目に見えない形で邪魔をし、複雑にし、それぞれの認識を歪曲するかなどについて意見を出し合い、またヴィーガンの中には動物虐待の場面や映像を見て心に傷を負っている人がとても多いのですが、そのトラウマ経験が如何にノン・ヴィーガンとの間に無意識に隔たりを作ってしまうのかについても語り合います。

「Beyond Beliefs」を書くことによって、これまでの鬱積した考えが解き放たれ、それは新しい発想を生み出す過程へと私を導き、更なる書籍を出版する意義に気がつきました。私は何年か執筆活動から離れていましたが、今は書きたいことが山ほどあります。

「Beyond Beliefs」の中で、人間関係におけるパワーダイナミックス（権力の力学）と抑圧の心理学について、私が温め続けてきた新しい理論に触れました。しかし、その内容は「Beyond Beliefs」のテーマにそぐわないことから、結局その章をまるまる抜き出し、別の本として仕上げることにしました。それが、「Powerarchy：Understanding the Psychology of Oppression for Social Transformation」（パワラキー　社会の変革の為の抑圧の心理学への理解）です。

「Powerarchy」で私は、抑圧は（「虐待」も規模こそ小さくそれほど一般的でないものの、本質的には抑圧の一種）他者との関係性に機能不全をもたらし、それを強めると書きました。機能不全は、社会集団の中で一人の人間と他の個人、動物、環境、さらには自分自身との間にさえ起こりえます。性差別、ＤＶ、カーニズムなど抑圧的で虐待を伴う体制には、共通の精神性が反映されており、基本的構造も同一です。これらの体制内では、関係性が機能不全に陥っているか、関係性そのものが無視されます。非関係性システムの根源には、道徳的価値の階級制度という信念があり、この信念は、ある個人やグループが他者よりも高潔に扱われる価値があるとする考えで、不条理な権力の不均衡を作り出し、維持する構造です。そのようなシステムは、私たちを健康的な関係性とは正反対に考え、振舞うように仕向けます。正義と慈悲を軽んじ、不誠実であること、他者の尊厳を傷つけることを教え、他者とのそして自分自身との断絶をもたらします。抑圧がこの世界で放射状に延びているとしたら、中枢にあるのはパワラキーで、これが抑圧のメタシステムなのです。

この本で私はシステムの解体を試みました。本書で実践したのと似た手法で、その防衛構造の概要を明らかにし、さらに体制の特徴をより具体的に示し、分析も組み入れました。また体制を変革するために何をするべきかも提案し、とりわけ私が呼ぶところの「関係リテラシー」の重要性について触れました。「関係リテラシー」とは健康的な関係性を築くことに対する理解と能力の事で、これが「Powerarchy」の中心となるテーマです。

私は「Beyond Beliefs」の原稿に手を加えて、より幅広い読者層に届く本に仕上げたいと願っていました。なぜならば、人間関係の機能不全（崩壊）はあらゆる人に起こりえることですし、人間関係に起因する苦しみはほとんどの場合防ぐことができ、正しい知識と対処法さえ知っていれば関係修復も可能だからです。私はこれまで恋愛に悩む人、複雑な家族関係にある人、そしてリーダーと呼ばれる人たちの抱えるさまざまな葛藤に耳を傾け助言をしてきましたが、健康的な人間関係を築き、保つ方法を網羅した本をいつか書きたいと思っていました。抑圧的体制がどのようにして必然的かつ根深く関係性に影響を与えるかという点も含めて、ワンストップガイド（一冊で関係性に関するすべてのテーマが学べる本）のようなものです。「Beyond Beliefs」と「Powerarchy」の執筆活動に没頭している間に、関係リテラシーを伸ばすことが、正真正銘のそして不変の社会改革を起こすのに本質的で重要な役割を担うということに気がつきました。事実、もし私たちの関係リテラシーの総体レベルがこれほど低くなかったら、この世の中はそれほど関係性がもつれ合ってはいなかったでしょう。私たちはきっと有害で非リレーショナルな指導者、政策、習慣などを識別し、それらを支持しないという選択ができたに違いありません。世界は今とはまったく違う姿であったことでしょう。

しかし、ネガティブな話ばかりではありません。健康的な対人関係を形作る原理と方法は人間以外との関係性においても適用できるのです。ですから、一度対人関係を改善する方法を学べば、どのような対象とも常に良い関係性を持てるようになるのです。つまり、人が周囲に心を配り、自己認識し、共感することを覚え、そして家族や友達の前で誠実であるよう努めるならば、動物を含めた他者にもより敬意をもって接し、生きとし生けるものすべてがより慈悲深い世界に住むことが出来るようになるでしょう。

私の本をもう一冊紹介しましょう。「Getting Relationships Right : How to Build Resilience and Thrive in Life, Love, and Work」（良好な対人関係の構築法　人生、恋愛、仕事で元気を回復し成功するには?）は、個人レベルまた社会全体の変化を促す目的で書かれました。関係リテラシーを促進することで、総体的で永続する変革を社会にもたらすことができるでしょう。

本書から数えて四冊目の本が出版されます。パワラキー、特にそれによってもたらされる特権と抑圧の力学がどのようにしてヴィーガニズム運動に作用しているかを簡潔に書きました。タイトルは「The Vegan Matrix：Understanding and Discussing Privilege Among Vegans to Build a More Inclusive and Empowered Movement」（ヴィーガンマトリックス　包括的で影響力のある運動のためにヴィーガンが享受している特権を考える）で、#ARMeToo（#MeToo の動物の権利バージョンのハッシュタグ）運動が巻き起こった直後に書いたエッセイを盛り込みました。「The Vegan Matrix」を書いた理由は、まだ科学的には調査されていませんが、ヴィーガンが享受していると言われる特権がはらむ問題を提起し、ノン・ヴィーガンがヴィーガンをあるいはヴィーガンがノン・ヴィーガンを特権を所持しているとして議論となる際に、ガイドラインとなるものを示したかったからです。

表立っていない性差別、人種差別、階級主義、その他パワラキーが、ヴィーガンコミュニティで対人関係の問題を引き起こしていること、また本来はヴィーガニズム運動に賛同してくれるであろうフェミニストや社会運動を擁護する人たちとヴィーガンの間でも同じことが起こっていることを私は随分前から知っていました。なかなかペンを執る時間的余裕がなかったのですが、やがてこの人間関係の溝が深刻なほどに深まってしまったことに気がつきました。ヴィーガンコミュニティの特権と抑圧というテーマを扱う際に大変効果的な手段があるのですが、それを有効活用するためにはまず該当する人々が問題の存在を認識している必要があるということも私は悟ったのです。そのうえ、#ARMeToo の呼びかけの後に繰り広げられたオンライン上のコミュニケーションは、事態を収拾するどころか、更なる問題を引き起こしたのです。コミュニケーションは崩壊しヴィーガンコミュニティ内の分断が顕著になってしまったのです。

「The Vegan Matrix」では、ヴィーガニズム運動（またそれ以外でも）に見られる抑圧と特権について知ろうとするヴィーガンがこの問題に入りやすいよう、さまざまな形の特権と並列してカーニズム的特権についても述べました。まだ科学的にその存在が証明されていない特権について、如何に対話を停滞させずに議論を展開するべきかといったヒントも書きました。ヴィーガニズム運動を今後よりパワフルな活動にしていくためにも、ヴィーガンコミュニティを一つにまとめたいという願いを込めてこの本を書きました。そうすることが動物にとってもベストなのです。この本が、ヴィーガニズムという枠を超えて、人間の苦しみや社会の不公正を減らすのに役立つことも期待しています。

本書は私が想像もしなかった道を切り開き、とても意義深い本となりました。これから先どんなことが起こるのか、希望と勇気に満ち溢れ、私は好奇心いっぱいです。今後もカーニズムの真実について語り、システムに変化がもたらされるよう働きかけ、ヴィーガニズム運動の第一線にいる人たちを勇気づけ、パワラキーについてより多くの人が知る所となるよう尽力し、社会変革の鍵ともなる関係リテラシーを推進してゆきます。

私は、いつかヴィーガニズムがカーニズムに代わって主要なイデオロギーになることをほぼ確信しています。さらに言うならば、ヴィーガニズムが主流派となるかどうかではなく、いつそうなるかに注目しています。現在展開されているようなヴィーガニズム運動の開花を、正直この目で見るとは思ってもいませんでした。でも実際に、ヴィーガンになるという選択をする人の数は増え、ヴィーガン関連の団体、組織、そして仲間が世界中で次々に誕生しています。地球上には動物性食品・製品の消費が増えている場所もあり、家畜の搾取という悲劇は未だに地球規模で起こっています。しかし、ヴィーガニズム運動は急成長しており、私たちは今革命の最前線にいると信じています。この革命は、人間性と世界を永遠に変えることでしょう。この非常に感銘深い世界の変革プロセスに、微力ながら役に立てたことを私は大変光栄に思っています。

グループディスカッションの手引き

第一章　愛玩用か食用か

- 一般的に食用としてテーブルにあがらない動物の種類や部位の肉の受け入れ方は、人によって異なる傾向があります。例えば、七面鳥の首などのような通常あまり食さない部位は避ける肉食をする人もいれば、「冒険家」でいろいろな種類や部位の動物を喜んで食べる人もいます。なぜ、こうした受け入れ方の違いが起こるのでしょうか？　そして違いを理解することで、肉食の倫理に関して議論する際にどのような影響があるでしょうか？
- なぜ、共感は自我にとって不可欠なのでしょうか？　また特定の種の動物に対する共感をブロックすることは、人間が共感する力それ自体にどれほどのインパクトを与えるでしょうか？
- 晩餐会の思考実験のストーリーを読む前に、なぜ自分は特定の種の動物は食べて、それ以外の動物を食べないのか不思議に思ったことはありましたか？　そう思ったことがないのであれば、なぜでしょうか？　そう思ったことがあるのであれば、それはいつでどんなきっかけがありましたか？

●これまでの人生で、一般的な食用動物の肉あるいは部位を食べる時に、違和感を覚えたことはありますか？　それはなぜで、その不快感にどう反応しましたか？

●これまでの人生で、ベジタリアンやヴィーガンにネガティブな印象を持ったことはありますか？　どのような印象で、なぜそのような印象を持ったのでしょうか？

第二章　肉食主義《カーニズム》

●種差別は、ある種の生き物を別の種と比べて価値があると定義するイデオロギーです。種差別はカーニズムにどのように影響しているでしょうか？　種差別とカーニズムの類似点と相違点はなんでしょうか？

●カーニズムはベジタリアニズムやヴィーガニズムの反意語なのでしょうか？

●フェミニストによる性差別反対の運動は、皆がフェミニストになるべきだと主張せずとも、性差別を生じさせる家父長制に焦点を当てることで成功しました。今日多くの人は性差別を容認しないでしょうが、だからといって自分はフェミニストであるとも言わないでしょう。カーニズムに挑む際、フェミニストと似たアプローチをどのように取り入れることができるでしょうか？

● カーニズムは動物を食べるということをこれまでとは違う枠組みで印象づけようとしています。肉食を単なる個人的な倫理観に関する事柄ではなく、社会に深く根差した信念体系の必然的な最終結果として訴える為です。カーニズムのこの試みは、肉食を社会的正義に関わる「問題」として認識させることになりえるでしょうか？　そして、それはヴィーガンにとってどのような意味合いをもつのでしょうか？

第三章　カーニズムの現実

● この章では、世の中に出回る動物性食品のほとんどが生産される工場式食肉加工産業にはびこる虐待に焦点を当てました。こうしたカーニズムの概念が家族経営の小規模農家にも当てはまると思いますか？　また、そう思う理由はなんですか？

● 家畜の苦しみが生々しく描写されており、読むのが辛い章です。この章を読んでどう感じましたか？　どのようなことに一番興味を持ちましたか？　あるいは衝撃を受けましたか？

第四章　巻き添え被害

● この章では、カーニズムが人間と環境に与える影響の重大性を明るみに出しました。動物愛護に関心を寄せる人が、カーニズムの概念を用いて如何に、人権や環境的公正を訴える人たちと繋がり、また共に支え合うようになることができるでしょうか？

● 畜産業界のロビー活動は、業界の利益と立法上の権力を維持するのに非常に重要な意味合いを持っています（たばこ産業界も同じことをしています）。肉食はイデオロギーに基づく行動であると表明することで、ロビー活動家、法律、動物性食品への補助金制度など促進活動に立ち向かうことが出来るでしょうか？

● 食肉加工工場の作業員にとって常套化はごく当たり前のことです。常套化は動物性食品を購入する人の消費者体験においても何か役割を担っていると思いますか？

第五章　カーニズムの神話

● マイケル・ポーラン（『雑食動物のジレンマ』著者）が絶賛するロカボア（地産地消）運動は、工場式畜産業にこそ反対の立場を取るものの、特定の種の動物を殺し食べることには賛成しています。ポーランは、狩りをすることによって生命の自然秩序を表現するのだと言い、「人間が食物連鎖を作り出したのではない。ずっと昔に用意された捕食者としての役割を受け持っただけだ」と書いています。また、ハンターの道徳に関する複雑な感情は狩りを称賛に値する行為とする、とも言っています。では、カーニズムの概念はロカボア運動にどのように応用されているでしょうか？　三つのN（動物を食べるのは普通で自然で必要である）の中のどのNが「エコカーニズム」*の思想を支持するのに最も役立っているでしょうか？

● 小規模農場で飼育されたあるいはされている動物の肉、卵、乳製品を消費するのは倫理的であると思いますか？　また、そう思う理由はなんですか？

● マイケル・ポーランは、「私には、ベジタリアンが一貫した道徳的態度を貫くことをうらやむ気持ちもあるが、同時に憐れんでもいる。自分に罪はないとする人間の夢はこの程度のものかと。ベジタリアンはたいてい現実を否定することで自分たちが正しいと思っているが、それは彼らの傲慢さでもあるのだ」とも言っています。カーニズム的な見方をすると、このコメントはどのように解釈できますか？

● 人は皆、三つのN（動物を食べるのは普通で自然で必要である）からさまざまな形で何かしらの影響を受けます。ある人にとっては「普通」が「自然」よりも心に響くかも

＊エコカーニズムに関しては、「おわりに」で説明しています。

しれません。その違いを理解することで、ヴィーガンは周りの人たちと如何に上手くコミュニケーションすることができるでしょうか？　あなたにとっては、どのNが最も大きな影響を与えましたか？

●

本書では触れませんでしたが、カーニズム的思想からよく議論されるのが「植物にも感覚があるとすれば、動物を食べるのも植物を食べるのも同じことではないか」ということです。ある研究によると、植物にも感覚があるとのことですが、この「植物も苦痛を感じる」議論がどのようにカーニズムを正当化し強化するのに利用されていると思いますか？　また、カーニズムの弁明にどう応えることができるでしょうか？

●

人間が直接摂取する植物の量よりも、人間の消費の為の家畜が必要とする植物の量が遥かに多いことを鑑みると、カーニズムのほうが人間が動物を食べ続けられるように、必要以上の植物に苦痛を与え消費していると指摘することはできるでしょうか？

第六章　鏡の国のカーニズム

●

乳製品や卵を消費するラクトオボベジタリアンは、カーニズムの防衛機制「麻痺」を適用しているのでしょうか？　彼らはどのように「麻痺」を使い、そしてそれはなぜ必要なのでしょうか？

● カーニズム的マトリックスから、あなたは一歩外へ踏み出せたと思いますか？　もしそうであれば、何がそうさせましたか？　何かいちどきに大きなきっかけがありましたか、それとも積もり積もった経験による結果ですか？　もしあなたが、外へ踏み出せていないとしたら、それはなぜですか？

第七章　目撃証人になること

● 目撃証人になることは社会正義の基盤です。目撃が引き起こすどのような具体的な行動が、家畜や圧力体制下の犠牲者たちに正義をもたらすのに役立つでしょうか？

● 社会変革を目指す人たちは、許容範囲を超えるほどのことをしばしば目撃してしまい、それが精神的なトラウマになったり、燃え尽きてしまうこともあります。こうした事態を防ぎつつ、目撃証人であり続けるにはどうしたら良いでしょうか？

● 身の周りの人が、目撃する心の準備が出来るようになるために、私たちに何が出来るでしょうか？

ヴィーガンに関する本とウェブサイト

脱カーニズムを目指す人たちへのヒントとなる情報源の例。

「*Beyond Beliefs : A Guide to Improving Relationships and Communication Among Vegans, Vegetarians, and Meat Eaters*」メラニー・ジョイ著、Lantern Books, 二〇一八
ヴィーガンやベジタリアンと良好な人間関係を築くための原理と方法。

『動物の解放』(ピーター・シンガー著、戸田訳、人文書院)
世界における動物福祉論の画期となった革命的書物。

『イーティング・アニマル　アメリカ工場式畜産の難題《ジレンマ》』(ジョナサン・サフラン・フォア著、黒川由美訳、東洋書林)
動物性食品の消費にまつわる成り立ちや真実を徹底検証。

『食事のせいで、死なないために　食材別編』『食事のせいで、死なないために　病気別編』（マイケル・グレガー著、神崎朗子訳、ＮＨＫ出版）

食事を通して、病気を予防し健康的に生きる為の栄養学辞典的ガイドブック。

Nutritionfacts.org

グレガー博士のウェブサイト。栄養に関する情報をビデオで分かりやすく説明。

Beyond Carnism (carnism.org)

ジョイ博士が創設した脱カーニズムの啓蒙を目的とした国際ＮＧＯ団体。

Challenge 22 (challenge22.com)

二二日間のヴィーガンチャレンジ。ヴィーガニズムを試してみたい人へのアドバイスやサポートをオンラインで提供。

Veganuary (veganuary.com)

ヴィーガンチャレンジ、スターターキット（初心者向けパッケージ）、ヴィーガニズムを実践したい人に役立つ情報を提供する非営利団体。

Bosh (bosh.tv)

プラントベースの料理法をビデオで紹介するサイト。

Happy Cow (happycow.net)

世界中のヴィーガンとベジタリアン向けレストランのサーチエンジン。

謝辞

この本は、何年も前から温めていたアイデアがやがて博士論文となり、更には現在の形となるまでに積みあがったプロジェクトの集大成です。長い年月をかけて、たくさんの人が私の考えをまとめるのに力を貸してくださり、私の言葉に磨きをかけ、私を専門家としてそして一個人として支えてくれました。彼らへの感謝の気持ちを一生忘れません。次にあげる方たちに感謝の意を表します。才能にあふれ私に刺激を与えてくれた編集者で、一歩一歩私と共に歩み続けてくれたAimee Houser、私の研究を信じて成功のために尽力してくれたエージェントのPatti Breitman、このプロジェクトを始めから終わりまで見守ってくれたClare Seletsky、熱心に私を支えてくれたRed Wheel/Weiser社のCaroline PincusとBonni Hamilton、この本を書くことを後押ししてくれたCarolyn Zaikowski、精力的に編集をしてくれたBonnie Tardella、私のライフラインだったJanice Goldman、George Bournakis、Herb PearceとSusan Solomon、賢明に私を導いてくれたAnna Meigs、私が最も必要としたときに手を差し伸べてくれたRuthとJake Tedaldi、未来像を分かち合ってくれたTeri Jessen、私を信じて私に仕事を遂行する機会をくれたBonnieとPerry Norton、FredとClaudette Williams、Dina Aronson、John Adams、Stephen Cina、Adam Wake、Linda Riebel、Michael Greger、Zoe

Weil、V.K. Kool、Ken Shapiro、Stephen Shainbart、Hillary Rettig、Rita Agrawal、Eric Prescott、Laureano Batista、Josh Balk と Robin Stone。

また、この大変長い旅路を歩むうえで私を支え続けてくれた友人と家族にも感謝します。最後に、Josh Balk、Stacey Wells、Daniel Braune、Theresa Lukassowitz、Cristina Castellan、Michelle Schaefer、Sana Al-Badri、素晴らしい人物で愛する夫である Sebastian Joy、改訂版を出版するにあたって大きな助けとなった Beyond Carnism のチームメンバー達、そして洞察に満ちて、称賛に値する序文を書いてくださり、世界で大変貴重な貢献をされている Yuval Harari に心からお礼を述べたいと思います。

註

1 Victor Benno Meyer-Rochow, "Food Taboos: Their Origins and Purposes," *Journal of Ethnobiology and Ethnomedicine* 8 (2009): 18, https:// doi.org; Daniel M. T. Fessler and Carlos David Navarrete, "Meat Is Good to Taboo," *Journal of Cognition and Culture* (2003), http:// cognitionandculture.net.

2 Nida Najar and Suhasini Raj, "Indian State Is Expanding Penalty for Killing a Cow to Life in Prison," *New York Times*, March 31, 2017, https://www.nytimes.com; Krishnadev Calamur, "India's Food Fight Turns Deadly," *Atlantic*, October 8, 2015, https://www.theatlantic.com; Supriya Nair, "The Meaning of India's 'Beef Lynchings,'" *Atlantic*, July 24, 2017, https://www.theatlantic.com; Anna Collinson, "Why the UK Doesn't Eat Dog Meat, but People in China Do," *Newsbeat*, http://www. bbc.co.uk/newsbeat; Telegraph Reporters, "EDL Protesters Holding Pig's Head in Anti-Muslim Slur Clash with Police at Counter-Terror March in Manchester," *Telegraph*, June 12, 2017, https://www.telegraph. co.uk; "Seoul: Anti-Dog Meat Protestors Facing Provocative Dog Meat Consumers," *EuroNews*, July 12, 2019, https://www. euronews.com.

3 Lotte Holm and M. Mohl, "The Role of Meat in Everyday Food Culture: An Analysis of an Interview Study in Copenhagen," *Appetite* 34 (2000): 277–83.

4 Nick Fiddes, *Meat: A Natural Symbol* (New York: Rutledge, 1991); Peter Farb and George Armelagos, *Consuming Passions: The Anthropology of Eating* (Boston: Houghton Mifflin, 1980); Frederick J. Simoons, *Eat Not This Flesh: Food Avoidances in the Old World* (Madison: University of Wisconsin Press, 1961); "Food Taboos: It's All a Matter of Taste," *National Geographic News*, https://www.nationalgeographic.com; Daniel Fessler, M. T. Navarrette, and Carlos David Navarrette, "Meat Is Good to Taboo: Dietary Proscriptions as a Product of the Interaction of Psychological Mechanisms and Social Processes," *Journal of Cognition and Culture* 3.1 (2003): 1–40, semanticscholar.org.

5 Farb and Armelagos, *Consuming Passions*; Simoons, *Eat Not This Flesh*; Daniel Kelly, "The Role of Psychology in the Study of Culture," *Purdue University*, http://web.ics.purdue.edu.

6 Zeiad Amjad Aghwan and Joe Mac Regenstein, "Slaughter Practices of Different Faiths in Different Countries," *Journal of Animal Science and Technology* 61, no. 3 (2019): 111-21, https://www.ncbi.nlm.nih.gov; E. Szűcs, R. Geers, T. Jezierski, E. N. Sossidou, and D. M. Broom, "Animal Welfare in Different Human Cultures, Traditions and Religious Faiths," *Asian-Australasian Journal of Animal Sciences* 25, no. 11 (2012): 1499–1506,
https://www.ncbi.nlm.nih.gov; "Vegetarianism," *Encyclopedia Britannica*, n.d., https://www.britannica.com; Gunnel Ekroth, "Meat in Ancient Greece: Sacrificial, Sacred or Secular?," *Food & History* 5, no. 1 (2007): 249–72, https://www.academia. edu.

7 Harish, "How Many Animals Does a Vegetarian Save?," *Counting Animals*, March 16, 2015, http://www.countinganimals.com.

8 引用元 Dave Grossman, *On Killing: The Psychological Cost of Learning to Kill in War and Society* (New York: Back Bay Books, 1996).

9 Grossman, *On Killing,* 12.

10 Grossman, *On Killing*; Martha Stout, *The Sociopath Next Door* (New York: Broadway Books, 2005).

11 Grossman, *On Killing,* 15.

12 National Agriculture Statistics Service, *Poultry—Production and Value, 2018 Summary* (Washington, DC: USDA, 2019), https://www.nass.usda.gov.

13 National Agriculture Statistics Service, *Poultry—Production and Value.*

14 M. Shahbandeh, "Per Capita Consumption of Beef in the U.S. 2000– 2028," *Statista*, March 14, 2019, https://www.statista.com.

15 US Department of Agriculture, "Per Capita Availability of Chicken Higher Than That of Beef," August 28, 2019, https://www.ers.usda.gov.

16 National Agriculture Statistics Service, Poultry—*Production and Value;* M. Shahbandeh, "Per Capita Consumption of Beef in the U.S."; US Department of Agriculture, "Per Capita Availability of Chicken Higher Than That of Beef "; Megan Durisin and Shruti Singh, "Americans Will Eat a Record Amount of Meat in 2018," *Bloomberg,* January 2, 2018, https://www.bloomberg.com.

17 US Department of Agriculture, "Food Availability (Per Capita) Data System," n.d., https://www.ers.usda.gov./

18 Food and Agriculture Organization of the United States, "Food Supply— Livestock and Fish Primary Equivalent," n.d., http://www.fao.org.

19 US Department of Agriculture, "Livestock & Meat Domestic Data," n.d., https://www.ers.usda.gov.

20 Harish, "How Many Animals Does a Vegetarian Save?"

21 US Department of Agriculture, "Cattle/Calves Accounted for Nearly 40 Percent of 2018 U.S. Animal/Product Receipts," n.d., https://www.ers. usda.gov.

22 Eurostat, *Agriculture, Forestry, and Fishery Statistics* (Luxembourg: Eurostat, 2018), https://ec.europa.eu/eurostat/; US Department of Agriculture, "Cattle/Calves Accounted for Nearly 40 Percent."

23 Natural Resources Conservation Service, "Animal Feeding Operations," n.d., https://www.nrcs.usda.gov.

24 Health for Animals, "Global Challenges: Animal Disease," n.d., https:// healthforanimals.org.

25 Daniel Zwerdling, "A View to a Kill," *Gourmet* (June 2007), http://www. gourmet.com. Kim Severson, "Upton Sinclair, Now Playing onYou Tube," *New York Times*, March 12, 2008 も参照のこと , http://www.nytimes.com.

26 Eric Schlosser, "Fast Food Nation: Meat and Potatoes," *Rolling Stone,* September 3, 1998, www.rollingstone.com.

27 Center for Constitutional Rights, *Ag-Gag Across America:*

Corporate Backed Attacks on Activists and Whistleblowers (New York: Center for Constitutional Rights and Defending Rights & Dissent, 2017), https://ccrjustice.org; ASPCA, "What Is Ag-Gag Legislation?," n.d., https://www.aspca.org; ACLU, "ACLU Letter to Congress Urging Opposition to the Animal Enterprise Act, S. 1926 and H.R. 4239," n.d., https://www.aclu.org.

28 Study cited by the Humane Society of the United States, http://www.hsus.org. で入手可。

29 Lori Marino and Christina M. Colvin, "Thinking Pigs: A Comparative Review of Cognition, Emotion, and Personality in *Sus domesticus*," *International Journal of Comparative Psychology* 28 (2015): 1–22, escholarship. org; Anna K. Johnson and Jeremy N. Marchant-Forde, "Natural Farrowing Behavior of the Sow and Piglets," Pork Information Gateway, December 29, 2010, http://porkgateway.org.

30 Jim Barrett, "United States Hog Inventory Up 4 Percent," US Department of Agriculture, June 27, 2019, https://www.nass.usda.gov.

31 American Veterinary Medical Association, "Tail Docking and Teeth Clipping of Swine," n.d., https://www.avma.org.

32 Yuzhi Lee, Lee Johnston, and Wayne Martin, "Docking the Tail or Not: Effect on Tail Damage, Skin Lesions and Growth Performance in Growing-Finishing Pigs," US Department of Agriculture, May 18, 2018, https://www.vetmed.umn.edu.

33 PSSに関しては以下の文献を参照のこと。 Tammy McCormick Donaldson, "Is Boredom Driving Pigs Crazy?," The University of Idaho College of Natural Resources, http://www.cnr.uidaho.edu, and Wayne Du, "Porcine Stress Syndrome Gene and Pork Production," Ontario Ministry of Agriculture Food and Rural Affairs, June 2004, https://trace.tennessee. edu. For information on the genetic basis of PTSD, see Aimee Midei, "Identification of the First Gene in Posttraumatic Stress Disorder," *Bio- medicine.org*, September 22, 2002, http://news.bio-medicine.org .

34 Wayne Du, Ontario Ministry of Agriculture Food and Rural Affairs, June 2004, http://www.omafra.gov.on.ca.

35 Annette Charlotte Olsson, Jos Botermans, and Jan-Eric Englund, "Piglet Mortality—A Parallel Comparison Between Loose-Housed and Temporarily Confined Farrowing Sows in the Same Herd," *Acta Agriculturea Scandinavica* 68 (2018): 52–62, https://www.tandfonline.com.

36 E. Mainau, D. Temple, and X. Manteca, "Pre-Weaning Mortality in Piglets," Farm Animal Welfare Education Centre, January 2015, https:// www.fawec.org.

37 PennState Extension, "Swine Production," June 20, 2005, https:// extension.psu.edu.

38 PennState Extension, "Swine Production"; Andrew Jacobs, "Stealing Lauri: A Pig Kidnapping Highlights the Concerns over Antibiotics in Livestock," *New York Times*, August 4, 2019, https://www.nytimes.com.

39 National Agricultural Library, US Department of Agriculture, "Twenty- Eight Hour Law" (49 USC, Section 80502), March 17, 2020, 1219–20, www.nal.usda.gov.

40 Fiona Rioja-Lang, Jennifer A. Brown, Egan J. Brockhoff, and Luigi Faucitano, "A Review of Swine Transportation Research on Priority Welfare Issues: A Canadian Perspective," *Frontiers in Veterinary Science*, February 22, 2019, https://www.frontiersin.org.

41 Joe Vansickle, "Preparing Pigs for Transport," *National Hog Farmer*, September 15,. 2008, http://nationalhogfarmer.com.

42 Gail Eisnitz, *Slaughterhouse: The Shocking Story of Greed, Neglect, and Inhumane Treatment Inside the U.S. Meat Industry* (Amherst, NY: Prometheus Books, 1997), 102–104.

43 "My Visit to the Slaughterhouse: Crossing the Line Between Life and Meat," *Guardian*, August 29, 2014, https://www.theguardian.com.

44 Schlosser, "Fast Food Nation: Meat and Potatoes."

45 Eisnitz, *Slaughterhouse*, 68.

46 Food Safety and Inspection Service, Livestock Slaughter Inspection Training, "Human Handling of Livestock and Good Commercial Practices in Poultry," Livestock Slaughter Inspection Training, US Department of Agriculture, April 18, 2017, https://www.fsis.usda.gov.

47 Eisnitz, *Slaughterhouse*, 84.

48 Eisnitz, 93.

49 Wilson G. Pond, Fuller W. Bazer, Bernard E. Rollin (eds.), *Animal Welfare in Animal Agriculture* (Boca Raton: CRC Press, 2011), 151ff.

50 Peter J. Lammers, David R. Stender, and Mark S. Honeyman, "Mating or Inception," n.d., https://www.ipic.iastate.edu; Joe Vansickle, "Making 30 Pigs Per Sow Per Year Dream Come True," *National Hog Farmer*, January 15, 2009, https://www.nationalhogfarmer.com; Cheryl Day, "Increase in U.S. Sow Mortality a Real Mystery," *National Hog Farmer*, May 23, 2017, https:// www.nationalhogfarmer.com; Iowa Pork Industry Center, "Iowa Pork Center Leads Industry-Wide Collaboration to Address Sow Mortality," Iowa State University, n.d., https://www.ipic.iastate.edu; Natalie James and Chris Cook, "Two Amputations a Week: The High Cost of Working in a US Meat Plant," Bureau of Investigative Journalism, May 7, 2018, https://www. thebureauinvestigates.com; Matthew Prescott, "Your Pig Almost Certainly Came from a Factory Farm, No Matter What Anyone Tells You," *Washington Post*, July 15, 2014, https://www.washingtonpost.com; Joshua Specht, "The Price of Plenty: How Beef Changed America," *Guardian*, May 7, 2019, https://www.theguardian.com; Animal Legal & Historical Center, Title 9— Animals and Animal Products; Chapter III—Food Safety and Inspection Service, Department of Agriculture; Subchapter A—Agency Organization and Terminology; Mandatory Meat and Poultry Products Inspection and Voluntary Inspection and Certification; Part 313—Humane Slaughter of Livestock; Natalie Jones, "Suffocation, Scalding, Heat Stress: Chickens Suffer 'Inexcusable' Welfare Breaches at US Abbatoirs," Bureau of Investigative Journalism, December 17, 2018, https://www.thebureauinvestigates.com; Madlen Davies and Andrew Wasley, "New Animal Cruelty Figures Show Need for

Cameras," Bureau of Investigative Journalism, August 11, 2017, https://www.thebureauinvestigates.com; Occupational Safety and Health Administration, "Safety and Health Guide for the Meatpacking Industry," US Department of Labor, n.d., https://www.osha.gov; Matt McConnell, "'When We're Dead and Buried, Our Bones Will Keep Hurting': Workers Rights Under Threat in US Meat and Poultry Plants," Human Rights Watch, September 4, 2019, https://www.hrw.org; Mercy For Animals, "JBS Torture," n.d., http://jbstorture.com; Mercy For Animals, "Undercover Investigations," n.d. https://mercyforanimals.org.

51 Dylan Matthews, "America's Largest Pork Producer Pledged to Make Its Meat More Humane. An Investigation Says It Didn't," *Vox*, May 8, 2018, https://www.vox.com.

52 David Irvin, "Control Debate, Growers Advised," *Arkansas-Democrat Gazette,* Northwest Arkansas edition, September 22, 2007, https:// scholar.google.com; Will Potter, "Whoever Defines the Issue Controls the Debate," Green Is the New Red, February 24, 2008, www. greenisthenewred.com.

53 引用元 Joan Dunayer, *Animal Equality: Language and Liberation* (Derwood, MD: Ryce Publishing, 2001), 138.

54 Dunayer, *Animal Equality,* 137.

55 Dunayer.

56 引用元 Fiddes, *Meat,* 96.

57 Michael Pollan, *The Omnivore's Dilemma: A Natural History of Four Meals* (New York: Penguin, 2006), 72.

58 Temple Grandin, "Evaluation of the Welfare of Cattle Housed in Outdoor Feedlot Pens," *Veterinary and Animal Science* 1–2 (2016): 23–28, https://www.sciencedirect.com.

59 Pollan, *The Omnivore's Dilemma,* 69.

60 以下を参照のこと。 Clyde Lane, Jr. et al., "Castration of Beef Calves," *TheBeefSite.com: The Website for the Global Beef Industry,* January 2007, http://www.thebeefsite.com.

61 Michael Pollan, "Power Steer," *New York Times,* sec. 6, March 31, 2002; "Pollution from Giant Livestock Farms Threatens Public Health," National Resources Defense Council, July 15, 2005; Associated Press, "Nebraska Beef Recalls 1.2 Million Pounds of Meat," Fox News, January 13, 2105, https://www.foxnews.com.

62 Eilish Lynch, Mark McGee, and Bernadette Earley, "Weaning Management of Beef Calves with Implications for Animal Health and Welfare," *Journal of Applied Animal Research* 47 (2019): 167–75, https://doi.org/10.1080/09712119.2019.1594825; Daniel Enriquez, Maria J. Hötzel, and Rodolfo Ungerfeld, "Minimising the Stress of Weaning of Beef Calves: A Review," *Acta Veterinaria Scandinavica* 53, no. 1 (2011): 28, https://www.ncbi.nlm.nih. gov; Carolyn Stull, Sheila Barry, and Wayne Jensen, eds., *Beef Care Practices,* Publication 8257 (Davis: University of California, 2007).

63 Stan Smith, "Why Consider Backgrounding a Calf ?," Ohio Beef Cattle Letter, The Ohio State University, August 28, 2019, https://u.osu.edu; US Department of Agriculture, "USDA Chief Scientist Statement on WHO Guidelines on Antibiotics," November 7, 2017, https://www. usda.gov/;

Economic Research Service, "Sector at a Glance: U.S. Cattle Production and U.S. Beef and Cattle Trade," US Department of Agriculture, August 28, 2019, https://www.ers.usda.gov.

64 J. E. Lombard, C. B. Tucker, M. A. G. von Keyserlingk, C. A. Kopral, and D. M. Weary, "Associations Between Cow Hygiene, Hock Injuries, and Free Stall Usage on US Dairy Farms," *Journal of Dairy Science* 93 no. 10 (2010): 4668–76, https://www.sciencedirect.com; James Drouillard, "Current Situation and Future Trends for Beef Production in the United States of America—A Review," *Asian-Australasian Journal of Animal Sciences* 31, no. 7 (2018): 1007–16, Figure 2, https://www.ncbi.nlm.nih. gov; Temple Grandin, "Euthanasia and Slaughter of Livestock," *Journal American Veterinary Medical Association* 204 (1994): 1354–60, https://www. grandin.com; Chiara Disanto, Giuseppe Celano, Michele Varvara, Nunziana Fusiello, Armida Fransvea, Giancarlo Bozzo, and Gaetano Vitale Celano, "Stress Factors During Cattle Slaughter," *Italian Journal of Food Safety* 3, no. 3 (2014): 1682, https://www. ncbi.nlm.nih.gov.

65 65 Eisnitz, *Slaughterhouse,* 46.

66 66 Eisnitz, 43–44.

67 67 Schlosser, "Fast Food Nation: Meat and Potatoes."

68 Joby Warrick, "They Die Piece by Piece," *Washington Post,* April 10, 2001, https://www.uta.edu.

69 以下を参照のこと。 Sandra Blakeslee, "Minds of Their Own: Birds Gain Respect," *New York Times,* February 1, 2005, http:// www.nytimes.com.

70 National Agriculture Statistics Service, *Poultry—Production and Value, 2018 Summary* (Washington, DC: USDA, 2019), https://www.nass.usda.gov.

71 University of Arkansas, "Poultry Feed Efficiency Research Has Implications for Human Health," January 4, 2018, https://news.uark.edu.

72 Poultry Service Association, *Poultry Handling and Transportation Manual* (Ontario, Canada: Poultry Service Association, 2017), http://www. poultryserviceassociation. com; Toby G. Knowles, Steve C. Kestin, Susan M. Haslam, Steven N. Brown, Laura E. Green, Andrew Butterworth, Stuart J. Pope, Dirk Pfeiffer, and Christine J. Nicol, "Leg Disorders in Broiler Chickens: Prevalence, Risk Factors and Prevention," *PLOS One* 3, no. 2 (2008): e1545, https://www. ncbi.nlm.nih.gov.

73 National Chicken Council, "Animal Welfare for Broiler Chickens," n.d., https://www.nationalchickencouncil.org.

74 Peter Singer, ed., *In Defense of Animals: The Second Wave* (Hoboken, NJ: Wiley-Blackwell, 2013).

75 Union of Concerned Scientists, "USDA Increases Line Speeds, Endangering Poultry Processing Plant Workers," January 9, 2019, https://www.ucsusa.org.

76 Josh Balk, "COK Investigation Exposes Chicken Industry Cruelty; Undercover Footage of Perdue Slaughter Plant Reveals Routine Abuse," Compassion Over Killing, https:// animaloutlook.org.

77 Helen Harrison, "Why Infant Surgery without Anesthesia

Went Unchallenged," *New York Times*, December 17, 1987 https://www. nytimes.com.

78 Lindsey Beaver, "Switzerland Bans Boiling Live Lobsters, but Scientists Wonder Why," *Washington Post*, reprinted in *New Zealand Herald*, January 14, 2018, https://www.nzherald.co.nz.

79 Rebecca Morelle, "Further Evidence Crabs and Other Crustaceans Feel Pain," BBC News, January 17, 2013, https://www.bbc.com.

80 この章で取り扱った「痛覚」の研究に関しては以下を参照のこと。 K. J. S. Anand, D. Phil, and P. R. Hickey, "Pain and Its Effects in the Human Neonate and Fetus," CIRP.org: The Circumcision Reference Library, September 5, 2006, http://www.cirp.org; K. J. S. Anand, D. Phil, and P. R. Hickey. "Pain and its Effects in the Human Neonate and Fetus," *New England Journal of Medicine* 317, no. 21 (November 1987): 1321– 29, http://www.cirp.org; Liz Austin, "Whole Foods Bans Sale of Live Lobsters," CBSnews.com, June 16, 2006, https://www.washingtontimes. com; David B. Chamberlain, "Babies Remember Pain," CIRP.org: The Circumcision Reference Library, December 15, 2006, http://www.cirp. org ; David B. Chamberlain. "Babies Remember Pain," *Journal of Prenatal and Perinatal Psychology and Health* 3, no. 4 (1989): 297–310, http://www. cirp.org; J. P. Chambers et al., "Self-Selection of the Analgesic Drug Carprofen by Lame Broiler Chickens," *Veterinary Record* 146, no. 11 (2000): 307–311. See also Mary T. Phillips, "Savages, Drunks, and Lab Animals: The Researcher's Perception of Pain," *Society and Animals* 1, no. 1 (1993): 61–81.

81 Jones, "Suffocation, Scalding, Heat Stress."

82 Joel L. Greene and Tadlock Cowan, *Table Egg Production and Hen Welfare: Agreement and Legislative Proposals* (Washington, DC: Congressional Research Service, 2014), https://fas.org.

83 Greene and Cowan, *Table Egg Production and Hen Welfare*; "How Hens Are Confined," *New York Times*, August 14, 2010, https://archive.nytimes. com.

84 Martin Hickman, "The End of Battery Farms in Britain—but Not Europe," *Independent*, December 27, 2011, https://www.independent. co.uk; Mattha Busby, "EU Imposes Hen Welfare Standards on Egg Imports for the First Time," *Guardian*, October 2, 2019, https://www. theguardian.com; Kelsey Piper, "Egg-Laying Hens Live in Horrific Conditions. Washington State Just Passed a Law to Change That," *Vox*, May 10, 2019, https://www.vox.com.

85 M. M. Bain, Y. Nys, and I. C. Dunn, "Increasing Persistency in Lay and Stabilising Egg Quality in Longer Laying Cycles. What Are the Challenges?," *British Poultry Science* 57, no. 3 (2016): 330–38, https:// www.ncbi.nlm.nih.gov; M. N. Romanov and S. Weigend, "Breeding and Genetics: Analysis of Genetic Relationships between Various Populations of Domestic and Jungle Fowl Using Microsatellite Markers," *Poultry Science* 80, no. 8 (2001): 1057–63, https://doi.org.

86 Rodrigo A. Espinosa, "Prolapse of the Oviduct in Poultry," *MSD Manual Veterinary Manual,* n.d., https://www.msdvetmanual.com.

87 *Poultry Industry Manual: FAD PRep—Foreign Animal Disease Preparedness and Response Plan* (US Department of Agriculture, 2013), https://www.aphis. usda.gov; Compassion in World Farming, "The Life of: Laying Hens," Farm Animal Welfare Compendium, March 1, 2012, https://www.ciwf.org.uk.

88 Jia-rui Chong, "Wood-Chipped Chickens Fuel Outrage," *Los Angeles Times,* November 22, 2003, http://articles.latimes.com.

89 Lombard, et al., "Associations between Cow Hygiene, Hock Injuries, and Free Stall Usage"; Albert De Vries, Hailegziabher Dechassa, and Henk Hogeveen, "Economic Evaluation of Stall Stocking Density of Lactating Dairy Cows," *Journal of Dairy Science* 99, no. 5 (2016): 3848–57, https:// www.sciencedirect.com.

90 American Cancer Society, "Recombinant Bovine Growth Hormone," n.d., https://www.cancer.org; US Department of Agriculture, *Dairy 2014: Health and Management Practices on U.S. Dairy Operations, 2014* (Fort Collins, CO: USDA, 2014), https://www.aphis.usda.gov.

91 US Department of Agriculture, *Dairy 2014*; Institute of Agriculture and Natural Resources, "Pregnant Cows, Timing of Pregnancy, Open Cows, Pregnancy Rate," University of Nebraska–Lincoln, n.d., https://beef. unl.edu.

92 John Dhuyvetter, "Winter Storm Information: Feeding Grain to Stock Cows," North Dakota State University, n.d., https://www.ag.ndsu. edu; Ron Scott, "Why Feed High-Fat Cattle Supplements," Purina Animal Nutrition, n.d., https://www.purinamills.com; US Food & Drug Administration, "Feed Ban Enhancement: Implementation Questions and Answers," n.d., https://www.fda.gov.

93 Food Safety and Inspection Service, "Veal from Farm to Table," US Department of Agriculture, August 6, 2013, https://www.fsis.usda.gov.

94 Julie Føske Johnsen et al., "The Effect of Nursing on the Cow– Calf Bond," *Applied Animal Behavior Science* (2014): 74, https://www. researchgate.net; Melissa C. Cantor, Heather W. Neave, and Joao H. C. Costa, "Current Perspectives on the Short- and Long-Term Effects of Conventional Dairy Calf Raising Systems: A Comparison with the Natural Environment," Translational Animal Science , no. 1 (2019): 549–63, https://doi.org; Kamil Hakan Dogan and Serafettin Demirci, "Livestock-Handling Related Injuries and Deaths," in *Livestock Production*, ed. Khalid Javed, IntechOpen, https://www.intechopen.com.

95 N. M. Nor, W. Steeneveld, and H. Hogeveen, "The Average Culling Rate of Dutch Dairy Herds over the Years 2007 to 2010 and Its Association with Herd Reproduction, Performance and Health," *Journal of Dairy Research* 81, no. 1 (2014): 1–8, https://www.ncbi.nlm.nih.gov.

96 Wyatt Bechtel, "Dairy Cattle Beef Up Beef Industry,"

AgWeb, November 6, 2014, https://www.agweb.com.

97 Humane Society Veterinary Medicine Association, "Facts on Veal Calves," 2018, https://www.hsvma.org.

98 Josh Stull, "USDA Proposes Changes to Improve Humane Handling of Veal Calves," Food Safety and Inspection Service, US Department of Agriculture, May 8, 2015, https://www.fsis.usda.gov.

99 CattleUSA.com, "Live Cattle Auctions," n.d., http://www.cattleusa. com; Empire Livestock Marketing, https://www.empirelivestock.com; Lanesboro Sales Commission, http://lanesborosalescommission.com.

100 CalfCare.ca, "Preventing Navel Infections in Newborn Calves," August 1, 2019, https://calfcare.ca.

101 American Veterinary Medical Association, "Welfare Implications of the Veal Calf Husbandry," October 13, 2008, www.avma.org; Food Safety and Inspection Service, US Department of Agriculture, "Veal from Farm to Table," March 5, 2020, www.fsis.usda.gov.

102 US Department of Agriculture, "Veal from Farm to Table."

103 Food Safety and Inspection Service, Livestock Slaughter Inspection Training, "Human Handling of Livestock and Good Commercial Practices in Poultry"; Food and Agriculture Organization of the United Nations, "Slaughter of Livestock," n.d., http://www.fao.org.

104 Eisnitz, *Slaughterhouse*, 43.

105 この章で取り扱った水生動物の確認能力に関しては米国人道協会のウェブサイトを参照のこと。https://www.humanesociety.org. 魚の認知能力に関する更に掘り下げた議論は以下の文献を参照のこと。Culum Brown, Kevin Laland, and Jens Krause (eds.), *Fish Cognition and Behavior* (Oxford, UK: Blackwell Publishing, 2006), for an in-depth discussion of the cognitive abilities of fish; and Jeffrey Masson, *The Face on Your Plate: The Truth about Food* (New York: W.W. Norton, 2009).

106 Agence France-Presse, "World Briefing/Europe: Italy: City Wants Happier Goldfish," *New York Times*, July 24, 2004, https://www.nytimes.com.

107 この章で取り扱った水生動物の知覚に関しては以下を参照のこと。"Fish May Actually Feel Pain and React to It Much Like Humans Do," *Science Daily*, May 1, 2009, http://www.sciencedaily.com. 水中温度を上げた時の金魚の反応に関する研究について詳しく記述されている。魚に痛覚があることを証明した一番最初の議論で魚のくちびるに酸性部質を注射した実験に関しては以下を参照のこと。Alex Kirby, "Fish Do Feel Pain, Scientists Say," BBC News Online, http://news.bbc.co.uk. 魚のくちびるに注射をする実験については以下を参照のこと。L. U. Sneddon, V. A. Braithwaite, and M.J. Gentle, "Do Fishes Have Nociceptors? Evidence for the Evolution of a Vertebrate Sensory System," *Proceedings of the Royal Society of London*, B 270. 1520 (June 7, 2003): 1115–21.

108 Harish, "How Many Animals Does a Vegetarian Save?"

109 畜産漁業及び養殖に関しては以下を参照のこと。Ken Jacobsen and Linda Riebel, *Eating to Save the Earth: Food*

Choices for a Healthy Planet (Berkeley, CA: Celestial Arts, 2002). 以下の文献も参照のこと。 Erik Marcus, *Meat Market: Animals, Ethics, and Money* (Ithaca, NY: Brio Press, 2005); https://www.humanesociety.org; and Masson, *The Face on Your Plate*; Harish, "How Many Animals Does a Vegetarian Save?"

110 Food and Agriculture Organization of the United Nations, *The State of World Fisheries and Aquaculture: Meeting the Sustainable Development Goals* (Rome: FAO, 2018), http://www.fao.org; Mukhisa Kituyi and Peter Thomson, "90% of Fish Stocks Are Used Up—Fisheries Subsidies Must Stop," United Nations, July 13, 2018, https://unctad.org.

111 Food and Agriculture Organization of the United Nations, *The State of World Fisheries and Aquaculture*; Kituyi and Thomson, "90% of Fish Stocks Are Used Up"; Amy McDermott, "We Waste Almost Half of What We Catch: 5 Reasons That's Disastrous for the Oceans," Oceana, September 20, 2017, https://oceana.org.

112 Amanda Keledgian et al., *Wasted Catch: Unsolved Problems in U.S. Fisheries* (Washington, DC: Oceana, 2014), http://www.widecast.org; R. W. D. Davies, S. J. Cripps, A. Nickson, and G. Porter, "Defining and Estimating Global Marine Fisheries Bycatch," *Marine Policy* 33, no. 4 (2009): 661–72.

113 Ret Talbot, "'Holy Grail' Test for Illegal Cyanide-Caught Aquarium Fish May Be Fatally Flawed," *National Geographic*, June 25, 2018, https://www. nationalgeographic.com; Jani Actman, "Watch Fishermen Bomb Their Catch Out of the Water," *National Geographic*, June 3, 2016, https://www. nationalgeographic.com.

114 NOAA Fisheries, "Fisheries of the United States, 2017," n.d., https:// www.fisheries.noaa.gov; Food and Agriculture Organization of the United Nations, *The State of World Fisheries and Aquaculture.*

115 Joel K. Bourne Jr., "How to Farm a Better Fish," *National Geographic*, June 2014, https://www.nationalgeographic.com; Celia A. Hoga, Fernanda L. Almeida, and Felix G. R. Reyes, "A Review on the Use of Hormones in Fish Farming: Analytical Methods to Determine Their Residues," *CyTA—Journal of Food* 16 (2018): 679–91, https://www.tandfonline.com; Samantha Horton, "Indiana Aquafarm Is Approved to Sell Genetically Modified Salmon," NPR, June 27, 2019, https://www.npr.org.

116 Center for Food Safety, "Ocean-Based Fish Farming: Pollution, Pathogens & Environmental Impacts," March 2015, https://www.centerforfood safety.org.

117 The Humane Society of the United States, "The Welfare of Animals in the Aquaculture Industry" (2008). *HSUS REPORTS. 5,* http://animal studiesrepository.org.

118 Dylan Matthews, "Cage-Free, Free Range, Organic: What All Those Egg Labels Really Mean," *Vox*, October 19, 2018, https://www.vox.com; Jennifer Chait, "Is Organic Livestock Production More Humane?," The Balance Small Business, June 26, 2019, https://www.thebalancesmb.com.

119 Damien McElroy, "Korean Outrage as West Tries to Use

"World Cup to Ban Dog Eating," *Telegraph*, January 6, 2002, http://www.telegraph.co.uk.

120 Schlosser, "Fast Food Nation: Meat and Potatoes."

121 Adam Andrzejewski, "Mapping the US Farm Subsidy $1M Club," *Forbes*, August 14, 2018, https://www.forbes.com.

122 Trevor J. Smith, *Corn, Cows, and Climate Change: How Federal Agricultural Subsidies Enable Factory Farming and Exacerbate U.S. Greenhouse Gas Emissions*, 9 *Washington Journal of Environmental Law & Policy* 26 (2019), https://digital commons.law.uw.edu.

123 Greenpeace, *Feeding the Problem: The Dangerous Intensification of Animal Farming in Europe* (Brussels, Belgium: Greenpeace, 2019), https://storage. googleapis.com.

124 食肉加工場の労働環境に関しては以下を参照のこと。 Human Rights Watch, "Blood, Sweat and Fear," HRW.org, January 24, 2005, http://www.hrw.org; Lance Compa and Jamie Fellner, "Meatpacking's Human Toll," *Washington Post*, August 3, 2005, http:// www.washingtonpost.com; Megan Feldman, "Swift Meat Packing Plant and Illegal Immigrants," *Houston Press*, April 4, 2007, http:// www. houstonpress.com; Jeremy Rifkin, *Beyond Beef: The Rise and Fall of the Cattle Culture* (New York: Plume, 1992); Eric Schlosser, *Fast Food Nation: The Dark Side of the All-American Meal* (New York: Houghton Mifflin, 2001).

125 McConnell, "When We're Dead and Buried, Our Bones Will Keep Hurting."

126 集中家畜飼養施設の人間への健康被害に関しては以下を参照のこと。 Mark Bittman, "Rethinking the Meat-Guzzler," *New York Times*, January 27, 2008, https://www.nytimes.com; Jennifer Lee, "Neighbors of Vast Hog Farms Say Foul Air Endangers Their Health," *New York Times*, May 11, 2003, http://www.nytimes.com; Pollan, "Power Steer"; National Resources Defense Council, "Pollution from Giant Livestock Farms Threatens Public Health," July 15, 2005, https://www.iatp.org; Johns Hopkins Bloomberg School of Public Health, "Public Health Association Calls for Moratorium on Factory Farms; Cites Health Issues, Pollution," January 9, 2004, http://www.jhsph.edu; McConnell, "When We're Dead and Buried, Our Bones Will Keep Hurting."

127 McConnell, "'When We're Dead and Buried, Our Bones Will Keep Hurting.'"

128 Food Service and Inspection Service, US Department of Agriculture, "Modernization of Swine Slaughter Inspection," *Federal Register* 84, no. 190 (2019): 52300–49, https://www.fsis.usda.gov; OxFam America, *No Relief: Denial of Bathroom Breaks in the Poultry Industry* (Boston, MA: OxFam America, 2018), oxfamamerica.org.

129 Wendee Nicole, "CAFOs and Environmental Justice: The Case of North Carolina," *Environmental Health Perspectives* 121, no. 6 (2013): a182–a189, https://www.ncbi.nlm.nih.gov; Amy A. Schultz, Paul Peppard, Ron E. Gangnon, and Kristen M. C. Maleckia, "Residential Proximity to Concentrated Animal Feeding Operations and Allergic and Respiratory

Disease," *Environment International* 130 (2019): 104911, https://www.science direct.com; JoAnn Burkholder, Bob Libra, Peter Weyer, Susan Heathcote, Dana Kolpin, Peter S. Thorne, and Michael Wichman, "Impacts of Waste from Concentrated Animal Feeding Operations on Water Quality," *Environmental Health Perspectives* 115, no. 2 (2007): 308–12, https://www.ncbi. nlm.nih.gov.

130 Renee Johnson, *The U.S.–EU Hormone Dispute* (Washington, DC: Congressional Research Service, 2015), https://fas.org.

131 以下を参照のこと。 Michael Greger, *Bird Flu: A Virus of Our Own Hatching* (New York: Lantern Books, 2006); Rifkin, *Beyond Beef*; Union of Concerned Scientists, "They Eat What? The Reality of Feed at Animal Factories," *UCSUSA.org*, August 8, 2006, https://www.organicconsumers.org; and Johnson, *The U.S.–EU Hormone Dispute*.

132 引用元 Justin Ewers, "Don't Read This Over Dinner," *U.S. News and World Report* 139, no. 6 (August 7, 2005): 45.

133 WGBH Educational Foundation, "What Is HAACP," http://www.pbs. org, March 27, 2009 以下も参照のこと。 Rifkin, *Beyond Beef*; Food Service and Inspection Service, US Department of Agriculture, "Modernization of Swine Slaughter Inspection."

134 Kimberly Kindy, "Pork Industry Soon Will Have More Power Over Meat Inspections," *Washington Post*, April 3, 2019, https://www.washington post.com; Food Service and Inspection Service, US Department of Agriculture, "Modernization of Swine Slaughter Inspection."

135 Kindy, "Pork Industry Soon Will Have More Power Over Meat Inspections"; McConnell, "'When We're Dead and Buried, Our Bones Will Keep Hurting.'"

136 Morgan Radford and Aaron Franco, "Inspectors Warn Unsafe Pork Could Make Its Way to Consumers Under Trump Rule Change," *NBC News*, December 16, 2019, https://www.nbcnews.com; Sentient Media, "The USDA Is Cutting Pig Slaughterhouse Rules: These Groups Are Fighting Back," December 23, 2019, https://sentientmedia.org.

137 National Antimicrobial Resistance Monitoring System, *2015 NARMS Integrated Report* (Washington, DC: US FDA, CDC, and USDA, 2015), https://www.fda.gov.

138 Gregor, *Bird Flu*; S. Pao, M. R. Ettinger, M. F. Khalid, A. O. Reid, and B. L. Nerrie, "Microbial Quality of Raw Aquacultured Fish Fillets Procured from Internet and Local Retail Markets," *Journal of Food Protection* 71, no. 8 (August 2008): 1844–49; World Health Organization, *Review of Latest Available Evidence on Potential Transmission of Avian Influenza (H5N1) Through Water and Sewage and Ways to Reduce the Risks to Human Health* (Geneva, Switzerland, WHO, 2006) https://www.who.int; Physicians Committee for Responsible Medicine, "USDA Refuses to Protect Consumers from Fecal Contamination of Chicken and Other Meat," June 27, 2019, https:// www.pcrm.org.

139 Greger, *Bird Flu*; World Health Organization, *Review of Latest Available Evidence on Potential Transmission of Avian*

Influenza; Physicians Committee for Responsible Medicine, "USDA Refuses to Protect Consumers."

140 Consumer Federation of America, "Foodborne Illness Investigation Exposes Weakness in Meat and Poultry Inspection System," August 22, 2019, https://consumerfed.org.

141 Andrew Wasley, "'Dirty Meat': Shocking Hygiene Failings Discovered in US Pig and Chicken Plants," *Guardian*, February 21, 2018, https://www. theguardian.com.

142 Stephen J. Hedges and Washington Bureau, "E. Coli Loophole Cited in Recalls Tainted Meat Can Be Sold if Cooked," *Chicago Tribune,* November 11, 2007, http://archives.chicagotribune.com.

143 Bureau of Investigative Journalism, "Blowing the Whistle on the Meat Industry," September 19, 2017, https://www.thebureauinvestigates.com.

144 McConnell, "'When We're Dead and Buried, Our Bones Will Keep Hurting'"; Brett Bachman and Samantha Stokes, "Critics Worry About Food Safety as Federal Meat Inspectors Face Work Overload, Burnout," Midwest Center for Investigative Reporting, September 18, 2019, https://investigatemidwest.org.

145 Stephen J. Hedges and Washington Bureau, "Topps Meat Recall Raises Questions About Inspections Workload," *Chicago Tribune,* October 14, 2007, http://archives.chicagotribune.com.

146 US Bureau of Labor Statistics, "Labor Force Statistics from the Current Population Survey," January 22, 2020, https://www.bls.gov; Mary Jo Dudley, "These U.S. Industries Can't Work Without Illegal Immigrants," CBS News, January 10, 2019, https://www.cbsnews.com; Julia G. Young, "A Wall Can't Solve America's Addiction to Undocumented Immigration," *Washington Post*, January 9, 2019, https://www.washington post.com; Food Service and Inspection Service, US Department of Agriculture, "Modernization of Swine Slaughter Inspection."

147 Schlosser, "Fast Food Nation: Meat and Potatoes."

148 Union of Concerned Scientists, "USDA Increases Line Speeds."

149 Eric Schlosser, "The Chain Never Stops," *Mother Jones*, July/August 2001, http://www.motherjones.com.

150 Amy Braunschweiger and Matt McConnell, "Interview: How the US Is Making Meatpacking Jobs Even More Dangerous," Human Rights Watch, September 4, 2019, https://www.hrw.org; James and Cook, "Two Amputations a Week"; Sean M. Smith, "How Safe Are the Workers Who Process Our Food?," *Monthly Labor Review*, US Bureau of Labor Statistics, July 2017, https://www.bls.gov; McConnell, "'When We're Dead and Buried, Our Bones Will Keep Hurting.'"

151 McConnell, "'When We're Dead and Buried, Our Bones Will Keep Hurting.'"

152 Schlosser, "The Chain Never Stops."

153 Human Rights Watch, "Blood, Sweat and Fear."

154 Eisnitz, *Slaughterhouse*, 87.

155 Eric B. Elbogen, Sally C. Johnson, H. Ryan Wagner, Connor Sullivan, Casey T. Taft, and Jean C. Beckham, "Violent Behaviour and Post- Traumatic Stress Disorder in US Iraq and Afghanistan Veterans," *British Journal of Psychiatry* 204, no. 5 (2014): 368–75, https://www.ncbi.nlm.nih. gov; Connor P. Sullivan and Eric B. Elbogen, "PTSD Symptoms and Family vs. Stranger Violence in Iraq and Afghanistan Veterans," *Law and Human Behavior* 38, no. 1 (2014): 1–9, https://www.ncbi.nlm.nih.gov.

156 Eisnitz, *Slaughterhouse*.

157 Eisnitz.

158 Eisnitz, 94.

159 Frederic J. Frommer, "Video Shows Workers Abusing Pigs," *Guardian Unlimited*, September 17, 2008, https://www.foxnews.com.

160 See Fiddes, *Meat*, and Simoons, *Eat Not This Flesh*.

161 Louis A. Berma, *Vegetarianism and the Jewish Tradition* (New York: Ktav Publishing, 1982), 13.

162 食品加工工場の環境への影響に関しては以下の文献を参照のこと。Jacobsen and Riebel, *Eating to Save the Earth*; Food and Agriculture Organization of the United Nations, "Livestock's Long Shadow: Environmental Issues and Options," 2006, http://www.fao.org; Daniel Ross, "Factory Farms Pollute the Environment and Poison Drinking Water," EcoWatch, February 20, 2019, https://www.ecowatch.com; Virginia Morell, "Meat-Eaters May Speed Worldwide Species Extinction, Study Warns," *Science*, August 11, 2015, https://www.sciencemag.org; Damian Carrington, "Avoiding Meat and Dairy Is 'Single Biggest Way' to Reduce Your Impact on Earth," *Guardian*, May 31, 2018, https://www.theguardian.com; Michael Greger, "The Public Health Impacts of Concentrated Animal Feeding Operations on Local Communities," *Family and Community Health* 33, no. 1 (2010): 373–82, https://www.humanesociety.org.

163 Food and Agriculture Organization of the United Nations, "Livestock's Long Shadow"; Carrie Hribar, *Understanding Concentrated Animal Feeding Operations and Their Impact on Communities* (Bowling Green, OH: National Association of Local Boards of Health, 2010), https://www.cdc.gov; Nina Chestney and Stephanie Nebehay, "The UN Says We Need to Reduce Our Meat Consumption to Fight Climate Change and Improve Food Security," World Economic Forum, August 9, 2019, https://www.weforum.org; Francis Vergunst and Julian Savulescu, "Five Ways the Meat on Your Plate Is Killing the Planet," The Conversation, April 26, 2017, https://theconversation. com; Martin C. Heller, J. B. Ruhl, and Sacoby Wilson, "Court Ruling Is a First Step Toward Controlling Air Pollution from Livestock Farms," The Conversation, May 4, 2017, https://theconversation.com.

164 Johns Hopkins Bloomberg School of Public Health, "Public Health Association Calls for Moratorium on Factory Farms"; American Public Health Association, "Precautionary Moratorium on New Concentrated Animal Feed Operations,"

November 8, 2003, https://www.apha.org.

165 Center for Science in the Public Interest, http://www.cspinet.org/; Jacobsen and Riebel, *Eating to Save the Earth*; Food and Agriculture Organization of the United Nations, "Livestock's Long Shadow: Environmental Issues and Options"; Hribar, *Understanding Concentrated Animal Feeding Operations*; Chestney and Nebehay, "The UN Says We Need to Reduce Our Meat Consumption"; Vergunst and Savulescu, "Five Ways the Meat on Your Plate Is Killing the Planet"; D. Lee Miller and Gregory Muren, *CAFOs: What We Don't Know Is Hurting Us* (New York: Natural Resources Defense Council, 2019), https://www.nrdc.org; Heller, Ruhl, and Wilson, "Court Ruling Is a First Step."

166 Food and Agriculture Organization of the United Nations, "Livestock's Long Shadow."

167 William J. Ripple, Christopher Wolf, Thomas M. Newsome, Phoebe Barnard, and William R. Moomaw, "World Scientists' Warning of a Climate Emergency," *BioScience* 70, no. 1 (2020): 8–12, https://academic. oup.com; Damian Carrington, "Climate Crisis: 11,000 Scientists Warn of 'Untold Suffering,'" Guardian, November 5, 2019, https://www. theguardian.com; W. J. Ripple, C. Wolf, T. M. Newsome et al., :World Scientists' Warning of a Climate Emergency," *BioScience* 70, no. 1 (2020): 8–12, https://doi:10.1093/biosci/biz088.

168 Javier Mateo-Sagasta, Sara Marjani Zadeh, and Hugh Turral, *Water Pollution from Agriculture: A Global Review* (Rome: FAO, 2017), http://www. fao.org; Food and Agriculture Organization of the United Nations, "Livestock's Long Shadow."

169 B. Machovina, K. J. Feeley, and W. J. Ripple, "Biodiversity Conservation: The Key Is Reducing Meat Consumption," *Science of the Total Environment* 536 (2015): 419–31.

170 Food and Agriculture Organization of the United Nations, "Livestock's Long Shadow."

171 Claire Schnaffnit-Chatterjee, "The Global Food Equation: Food Security in an Environment of Increasing Scarcity," Deutsche Bank Research, September 21, 2009, https://www.dbresearch.com.

172 EPA, "Greenhouse Gas Emissions from a Typical Passenger Vehicle," March 2018, https://nepis.epa.gov; P. Gerber, H. Steinfeld, B. Henderson et al., *Tackling Climate Change Through Livestock: A Global Assessment of Emissions and Mitigation Opportunities* (Rome: FAO, 2013).

173 Select USA, "Agribusiness Spotlight: The Agribusiness Industry in the United States," n.d., https://www.selectusa.gov; James M. MacDonald, Robert A. Hoppe, and Doris Newton, *Three Decades of Consolidation in U.S. Agriculture*, EIB-189, US Department of Agriculture, Economic Research Service, March 2018, https://www.ers.usda.gov.

174 McConnell, "When We're Dead and Buried, Our Bones Will Keep Hurting."

175 Philip Mattera, "USDA Inc.: How Agribusiness Has Hijacked Regulatory Policy at the U.S. Department of

Agriculture," Corporate research project of Good Jobs First, July 23, 2004, https://www.competitivemarkets.com.

176 Mattera, "USDA Inc."

177 FarmFutures, "Craig Morris Leaving USDA to Join National Pork Board," October 18, 2017, https://www.farmprogress.com.

178 JBS USA, "JBS Names Former U.S. Department of Agriculture Deputy Under Secretary for Food Safety as Global Head of Food Safety and Quality Assurance," August 3, 2017, https://jbssa.com.

179 OpenSecrets.org, "Livestock: Money to Congress," 2018, https://www. opensecrets.org.

180 National Sustainable Agriculture Coalition, "Cover Crops and CAFOs: An Analysis of 2016 EQIP Spending," January 12, 2017, https:// sustainableagriculture.net; Union of Concerned Scientists, "EPA Stops Collecting Data on Pollutants Released from Farms," August 5, 2019, https:// www.ucsusa.org.

181 Simply Wall St., "CEO Compensation Analysis: Conagra Brands," accessed March 3, 2020, https://simplywall.st.

182 以下を参照のこと。 Centers for Disease Control, "Multistate Outbreak of *Escherichia coli* O157:H7 Infections Associated with Eating Ground Beef—United States, June–July 2002," July 26, 2002, http://www.cdc.gov; 以下も参照のこと。 "About E. Coli," http://www.about-ecoli.com.

183 W. C. Willett, "Balancing Lifestyle and Genomics Research for Disease Prevention," *Science* 296 (2002):695–98; Walter C. Willett, Jeffrey P. Koplan, Rachel Nugent, Courtenay Dusenbury, Pekka Puska, and Thomas A. Gaziano, *Disease Control Priorities in Developing Countries* 2nd ed. (Washington, DC: The International Bank for Reconstruction and Development/The World Bank; New York: Oxford University Press, 2006), Chapter 44, https://www.ncbi.nlm.nih.gov.

184 C. G. Corey et al., "US Adult Cigar Smoking Patterns, Purchasing Behaviors, and Reasons for Use According to Cigar Type: Findings from the Population Assessment of Tobacco and Health (PATH) Study, 2013– 2014," *Nicotine & Tobacco Research* 20, no. 12 (2018): 1457–66, https:// www.ncbi.nlm.nih.gov.

185 Heinrich Böll Stiftung, *Meat Atlas: Facts and Figures About the Animals We Eat* (Berlin, Germany: Heinrich Böll Foundation; Brussels, Belgium: Friends of the Earth, Europe, 2014), 56, http://www.foeeurope.org; Niall McCarthy, "Who Are America's Vegans and Vegetarians," *Forbes*, August 6, 2018, https://www.forbes.com.

186 Rob M. van Dam et al., "Dietary Fat and Meat Intake in Relation to Risk of Type 2 Diabetes in Men." *Diabetes Care* 25, no. 3 (March 1, 2002): 417–24, https://doi.org; An Pan et al., "Changes in Red Meat Consumption and Subsequent Risk of Type 2 Diabetes Mellitus: Three Cohorts of US Men and Women," *JAMA Internal Medicine* 173, no. 14 (July 22, 2013): 1328–35, https://doi.org; Geertruida J. van Woudenbergh et al., "Eating Fish and Risk of Type 2

Diabetes," *Diabetes Care* 32, no. 11 (November 2009): 2021–26, https://doi.org.

187 Genevieve Tse and Guy D. Eslick, "Egg Consumption and Risk of GI Neoplasms: Dose-Response Meta-Analysis and Systematic Review," *European Journal of Nutrition* 53, no. 7 (October 2014): 1581–90, https:// doi.org; Elizabeth A. Platz, Steven K. Clinton, and Edward Giovannucci, "Association Between Plasma Cholesterol and Prostate Cancer in the PSA Era," *International Journal of Cancer* 123, no. 7 (October 1, 2008): 1693–98, https://doi.org; Kristine Pelton, Michael R. Freeman, and Keith R. Solomon, "Cholesterol and Prostate Cancer," *Current Opinion in Pharmacology* 12, no. 6 (December 2012): 751–59, https://doi.org.

188 N. Bergeron, S. Chiu, P. T. Williams, S., King, and R. M. Krauss, "Effects of Red Meat, White Meat, and Nonmeat Protein Sources on Atherogenic Lipoprotein Measures in the Context of Low Compared with High Saturated Fat Intake: A Randomized Controlled Trial," *American Journal of Clinical Nutrition* 110, no. 1 (2019): 24–33, https://doi.org.

189 M. Yang, S. A. Kenfield, E. L. Van Blarigan, K. M. Wilson, J. L. Batista, H. D. Sesso et al., "Dairy Intake After Prostate Cancer Diagnosis in Relation to Disease-Specific and Total Mortality," *International Journal of Cancer* 137, no. 10 (2015): 2462–69, https://doi.org.

190 Center for Food Safety, *America's Secret Animal Drug Problem: How Lack of Transparency Is Endangering Human Health and Animal Welfare* (Washington, DC: Center for Food Safety, 2015), http://www.centerforfoodsafety.org; Michael Pollan, "Power Steer," *New York Times*, March 31, 2002, https:// www.nytimes.com; US Food and Drug Administration, "Feed Ban Enhancement: Implementation Questions and Answers," n.d., https:// www.fda.gov; C. R. Hamilton, "Real and Perceived Issues Involving Animal Proteins," n.d., http://www.fao.org.

191 EDSitement, "Voting Rights for Women: Pro and Anti-Suffrage," June 19, 2019, https://edsitement.neh.gov.

192 American Veterinary Medical Association, "Welfare Implications of Gestation Sow Housing," November 19, 2015, https://www.avma.org.

193 Robert Jay Lifton and Eric Markusen, *The Genocidal Mentality: Nazi Holocaust and Nuclear Threat* (New York: Basic Books, 1990). この本の著者達はこの用語を核開発にたずさわる専門家を呼ぶのに使った。

194 Lifton and Markusen, *The Genocidal Mentality*.

195 Dietitians for Professional Integrity, "Concerns About Dairy Industry Sponsorship," September 26, 2015, https:// integritydietitians.org; International Dairy Foods Association, "Government's 2015 Dietary Guidelines Affirms Role of Dairy Foods in Healthy Eating Patterns," January 7, 2016, https://www.idfa.org.

196 アカデミーの企業スポンサーシップ制度については以下のサイトで閲覧できる。 http://www.eatrightpro.org.

197 NutritionFacts.org, "Dairy & Cancer," March 13, 2019, https://nutrition facts.org; Ingegerd Johansson, Lena Maria

Nilsson, Anders Esberg, Jan-Håkan Jansson, and Anna Winkvist, "Dairy Intake Revisited— Associations between Dairy Intake and Lifestyle Related Cardio- Metabolic Risk Factors in a High Milk Consuming Population," *Nutrition Journal* 17, no. 110 (2018), https://doi.org; W. Lu et al., "Dairy Products Intake and Cancer Mortality Risk: A Meta-Analysis of 11 Population- Based Cohort Studies," *Nutrition Journal* 15, no. 91 (2016), https://doi.org.

198 K. I. Mills, "More Shocking Results: New Research Replicates Milgram's Findings," Monitor on Psychology 40, no. 3 (2009): 13, https://www.apa.org.

199 以下を参照のこと。 Allan G. Johnson, *Privilege, Power, and Difference* (New York: McGraw- Hill Education, 2005).

200 Robert Jay Lifton, *The Nazi Doctors: Medical Killing and the Psychology of Genocide* (New York: Basic Books, 1986); Lifton and Markusen, *The Genocidal Mentality*.

201 肉と男らしさの結びつきに関する更なる情報は以下の文献を参照のこと。 Carol J. Adams and Josephine Donovan, *Animals and Women: Feminist Theoretical Explorations* (Durham, NC: Duke University Press, 1995); and Carol J. Adams, *The Sexual Politics of Meat: A Feminist-Vegetarian Critical Theory* (New York: Continuum, 1992).

202 Physicians Committee for Responsible Medicine, "The Protein Myth," http://www.pcrm.org.

203 Lifton, *The Nazi Doctors*; Lifton and Markusen, *The Genocidal Mentality*.

204 Farb and Armelagos, *Consuming Passions*.

205 Paul Slovic, "If I Look at the Mass I Will Never Act: Psychic Numbing and Genocide," *Judgment and Decision Making* 2, no. 2 (2007): 79–95.

206 道徳感と嫌悪感に関する更なる情報は the bibliography by Rozin et al からの引用を参照のこと。 以下も参照のこと。 Andras Angyal, "Disgust and Related Aversions," *Journal of Abnormal and Social Psychology* 36 (1941): 393–412; Michael Lemonick, "Why We Get Disgusted," *Time,* May 24, 2007, http://www.time.com; Simone Schnall, Jonathan Haidt, and Gerald L. Clore, "Disgust as Embodied Moral Judgment," *Personality and Social Psychology Bulletin* 34, no. 8 (2008): 1096–1109; Trine Tsouderos, "Some Facial Expressions Are Part of a Primal 'Disgust Response,' University of Toronto Study Finds," *Chicago Tribune,* February 27, 2009, https://www. thehour. com; and Thalia Wheatley and Jonathon Haidt, "Hypnotically Induced Disgust Makes Moral Judgments More Severe," *Psychological Science* 16 (2005): 780–84.

207 Tsouderos, "Some Facial Expressions."

208 Simoons, *Eat Not This Flesh,* 106.

209 Farb and Armelagos, *Consuming Passions*, 167.

210 Kathy Berghorn, "Emily the Sacred Cow: Lewis Has Asked Me to Put Down Some of My Thoughts on Emily," April 2, 2003, http://www. peaceabbey.org.

211 Judith Herman, *Trauma and Recovery: The Aftermath of Violence—From Domestic Abuse to Political Terror* (New York: Basic Books, 1997), 1.

212 Sandra Blakeslee, “Cells that Read Minds,” *New York Times*, January 10, 2006, https://www.nytimes.com; V. S. Ramachandran, “Mirror Neurons and the Brain in the Vat,” *Edge: The Third Culture*, January 10, 2006, http://www.edge.org; and “Children Are Naturally Prone to Be Empathic and Moral,” *Science Daily*, July 12, 2008, http://www.science daily.com.

213 From *The Witness* directed by Jenny Stein and produced by James LaVeck (Tribe of Heart Production Company, 2000).

214 Cited in Charles Patterson, *Eternal Treblinka: Our Treatment of Animals and the Holocaust* (New York: Lantern Books, 2002), 231.

215 Matthew Scully, *Dominion: The Power of Man, the Suffering of Animals, and the Call to Mercy* (New York: St. Martin’s Press, 2002), 394.

216 このパラグラフの情報は全て「憂慮する科学者団体」からのものである。 September 1, 2008, http://www.ucsusa.org. See also notes from chapter 4; Intergovernmental Panel on Climate Change, *Climate Change and Land* (Geneva, Switzerland: IPCC, 2019), https://www.ipcc. ch; Food and Agriculture Organization of the United Nations, “Livestock and Environment,” November 22, 2013, http://www.fao.org.

217 Grand View Research, “Vegan Food Market Size, Share & Trends Analysis Report by Product (Dairy Alternative, Meat Substitute), by Distribution Channel (Online Offline), by Region (APAC, CSA, MEA, Europe, North America), and Segment Forecasts, 2019–2025,” June 2019, https://www.grandviewresearch.com.

218 James O’Dea, “Witnessing: A Form of Compassion,” March 2, 2007, http://awakin.org.

219 引用元 Patterson, *Eternal Treblinka*, 137.

220 Herman, *Trauma and Recovery*, 247.

参考文献

Adams, Carol J. "Feeding on Grace: Institutional Violence, Christianity, and Vegetarianism." In *Good News for Animals? Christian Approaches to Animal Well-Being,* edited by C. Pinches and J. B. McDaniel, 143–59. Maryknoll, NY: Orbis, 1993.

——. *Living Among Meat Eaters: The Vegetarian's Survival Handbook.* New York: Three Rivers Press, 2001.

——. *Neither Man nor Beast: Feminism and the Defense of Animals.* New York: Continuum, 1995.

——. *The Sexual Politics of Meat: A Feminist-Vegetarian Critical Theory.* New York: Continuum, 1992.

Adams, Carol J., and Josephine Donovan, eds. *Animals and Women: Feminist Theoretical Explorations.* Durham, NC: Duke University Press, 1995.

Allen, Michael, et al. "Values and Beliefs of Vegetarians and Omnivores."

Journal of Social Psychology 140, no. 4 (2000): 405–22.

Allport, Gordon. *The Nature of Prejudice.* New York: Addison-Wesley, 1958. American Veterinary Medical Association. "Welfare Implications of the Veal

Calf Husbandry." October 13, 2008. Accessed March 27, 2009. http:// *www.avma.org.*

Anand, K. J. S., D. Phil, and P. R. Hickey. "Pain and Its Effects in the Human Neonate and Fetus." *New England Journal of Medicine* 317, no. 21. (1987): 1321–29. Accessed March 4, 2020. http://www.cirp.org.

——. CIRP.org: The Circumcision Reference Library. September 5, 2006.

Accessed March 4, 2020. http://www.cirp.org.

Angyal, Andras. "Disgust and Related Aversions." *Journal of Abnormal and Social Psychology* 36 (1941): 393–412.

"Animal Cruelty Laws Among Fastest-Growing." MSNBC. February 15, 2009.

Accessed March 26, 2009. http://www.msnbc.msn.com.

Araki, H., et al. "High-Risk Group for Benign Prostatic Hypertrophy." *Prostate* 4, no. 3 (1983): 253–64. Accessed March 4, 2020. http://www.ncbi.nlm. nih.gov.

Arluke, Arnold. "Uneasiness Among Laboratory Technicians." *Lab Animal* 19, no. 4 (1990): 20–39.

Arluke, Arnold, and Frederic Hafferty. "From Apprehension to Fascination with 'Dog Lab': The Use of Absolutions by Medical Students." *Journal of Contemporary Ethnography* 25, no. 2 (1996): 201–25.

Arluke, Arnold, and Clinton Sanders. *Regarding Animals.* Philadelphia: Temple University Press, 1996.

Aronson, Elliot. "Back to the Future: Retrospective Review of Leon Festinger's A Theory of Cognitive Dissonance." *American Journal of Psychology* 110 (1997): 127–37.

——. "Dissonance, Hypocrisy, and the Self-Concept." In *Cognitive Dissonance: Progress on a Pivotal Theory in Social*

Psychology, edited by E. Harmon- Jones and J. Mills, 103–26. Washington, DC: American Psychological Association, 1999.

Ascherio, Alberto, Graham A. Colditz, Edward Giovannucci, Eric B. Rimm, Meir J. Stampfer, and Walter C. Willett. "Intake of Fat, Meat, and Fiber in Relation to Risk of Colon Cancer in Men." *Cancer Research* 54 (1994): 2390–97.

Augoustinos, Martha, and Katherine Reynolds, eds. *Understanding Prejudice, Racism, and Social Conflict.* Thousand Oaks, CA: Sage Publications, 2001.

Austin, Liz. "Whole Foods Bans Sale of Live Lobsters." CBS News. June 16, 2006. Accessed March 27, 2009. http://www.cbsnews.com.

Barrows, Anita. "The Ecopsychology of Child Development." In *Ecopsychology: Restoring the Earth, Healing the Mind,* edited by T. Roszak, M. E. Gomes, and

D. Kanner, 101–110. San Francisco: Sierra Club Books, 1995.

Barthes, Roland. "Toward a Psychosociology of Contemporary Food Consumption." In *Food and Drink in History: Selections from the Annales Economies, Societies, Civilisations: Vol. 5,* edited by Robert Forster and Orest Ranum, 166–73. Baltimore and London: Johns Hopkins University Press, 1979.

Beardsworth, Alan, and Teresa Keil. "Contemporary Vegetarianism in the U.K.: Challenge and Incorporation?" *Appetite* 20 (1993): 229–34.

——. "The Vegetarian Option: Varieties, Conversions, Motives and Careers." *The Sociological Review* 40 (1992): 253–93.

Belasco, Warren. "Food, Morality, and Social Reform." In *Morality and Health,*

edited by Allen Brandt and Paul Rozin, 185–99. New York: Rutledge, 1997.

Bell, A. Chris, et al. "A Method for Describing Food Beliefs which May Predict Personal Food Choice." *Journal of Nutrition Education* 13, no. 1 (1981): 22–26.

Bhatnagar, Parija. "PETA's Impotence Ad a No-No with CBS." CNN. January 15, 2004. Accessed March 4, 2020. http://money.cnn.com.

Biermann-Ratjen, Eva Maria. "Incongruence and Psychopathology." In

Person-Centered Therapy: A European Perspective, edited by B. Thorne and

E. Lambers, 119–30. London: Sage Publications, 1998.

Bittman, Julie Cart. "Land Study on Grazing Denounced," *Los Angeles Times,*

June 18, 2005. Accessed March 4, 2020. http://articles.latimes.com.

Bittman, Mark. "Cells that Read Minds." *New York Times.* January 10, 2006.

Accessed March 4, 2020. http://www.nytimes.com.

——. "Rethinking the Meat-Guzzler." *New York Times.* January 27, 2008.

Accessed March 4, 2020. http://www.nytimes.com.

Blakeslee, Sandra. "Minds of Their Own: Birds Gain Respect." *New York Times.*

February 1, 2005. Accessed March 4, 2020. http://www.nytimes.com.

Boat, Barbara. "The Relationship between Violence to Children and Violence to Animals: An Ignored Link?" *Journal of Interpersonal Violence* 10, no. 2 (1995): 228–35.

Booth, David. *The Psychology of Nutrition.* Bristol, PA: Taylor & Francis, 1994. Brown, Culum, Kevin Laland, and Jens Krause, eds. *Fish Cognition and Behavior.*
Oxford, UK: Blackwell Publishing, 2006.

Brown, Lesley Melville. *Cruelty to Animals: The Moral Debt.* London: Macmillan Press, 1988.

Calkins, A. "Observations on Vegetarian Dietary Practice and Social Factors: The Need for Further Research." *Perspectives in Practice* 74 (1979): 353–55.

Campbell, T. Colin, and Thomas M. Campell. *The China Study: The Most Comprehensive Study of Nutrition Ever Conducted and the Startling Implications for Diet, Weight Loss and Long-Term Health.* Dallas: Benbella Books, 2006.

Cart, Julie. "Land Study on Grazing Denounced." *Los Angeles Times* June 18, 2005. Accessed March 4, 2020. http://articles.latimes.com.

Center for Responsive Politics. "Money in Politics—See Who's Giving and Who's Getting." Accessed March 4, 2020. http://www.opensecrets.org.

Center for Science in the Public Interest (CSPI). Accessed March 4, 2020. http://www.cspinet.org.

Chamberlain, David B. "Babies Remember Pain." *CIRP.org:* The Circumcision Reference Library. December 15, 2006. Accessed March 4, 2020. http:// www.cirp.org.

——."Babies Remember Pain." *Journal of Prenatal and Perinatal Psychology and Health* 3, no. 4 (1989): 297–310. Accessed March 4, 2020. http://www. cirp.org.

Chambers, J. P., et al. "Self-Selection of the Analgesic Drug Carprofen by Lame Broiler Chickens." *The Veterinary Record* 146, no. 11 (2000): 307–11.

Chambers, P. G., et al. "Slaughter of Livestock." Food and Agriculture Organization of the United Nations. April 2001. Accessed March 4, 2020. http://www.fao.org.

"Children Are Naturally Prone to Be Empathic and Moral." *Science Daily.* July 12, 2008. Accessed March 4, 2020. http://www.sciencedaily.com.

Chong, Jia-rui. "Wood-Chipped Chickens Fuel Outrage." *Los Angeles Times.*
November 22, 2003. Accessed March 4, 2020. http://articles.latimes.com. Clarke, Paul, and Andrew Linzey. *Political Theory and Animal Rights.* Winchester,
MA: Pluto Press, 1990.

Colditz, G. A., et al. "Relation of Meat, Fat, and Fiber Intake to the Risk of Colon Cancer in a Prospective Study Among Women." *New England Journal of Medicine* 323, no. 24 (1990): 1664–72.

Compa, Lance, and Jamie Fellner. "Meatpacking's Human Toll." *Washington Post.* August 3, 2005. Accessed March 4, 2020. http://www. washingtonpost.com.

Comstock, Gary L. "Pigs and Piety: A Theocentric Perspective on Food Animals." In *Good News for Animals? Christian Approaches to Animal Well-Being,* edited by Charles Pinches and Jay B. McDaniel, 105–27. Maryknoll, NY: Orbis, 1993.

Cone, Tracie. "Dairy Cows Head for Slaughter as Milk Prices Sour." Associated Press. February 16, 2009. Accessed March 4, 2020. http:// www3.signonsandiego.com.

Conrad, Peter, and Joseph Schneider. *Deviance and Medicalization: From Badness to Sickness.* Toronto: C.V. Mosby & Co., 1980.

Cooper, Charles, Thomas Wise, and Lee Mann. "Psychological and Cognitive Characteristics of Vegetarians." *Psychosomatics* 26, no. 6 (1985): 521–27.

Counihan, Carol M. "Food Rules in the United States: Individualism, Control, and Hierarchy." *Anthropological Quarterly* 65 (1992): 55–66.

Davis, Karen. "Thinking Like a Chicken: Farm Animals and the Feminine Connection." In *Animals and Women: Feminist Theoretical Explorations,* edited by Carol J. Adams and Josephine Donovan, 192–212. Durham, NC: Duke University Press, 1995.

Dawn, Karen. *Thanking the Monkey: Rethinking the Way We Treat Animals.* New York: Harper, 2008.

Descartes, Rene. *A Discourse on the Method (Oxford World's Classics).* Translated by Ian Maclean. New York: Oxford University Press, 2006.

Devine, Tom. "Shielding the Giant: USDA's 'Don't Look, Don't Know' Policy for Beef Inspection." *WhistleBlower.org.* Accessed March 27, 2009. http:// www.whistleblower.org.

Dietz, Thomas, et al. "Social Psychological and Structural Influences on Vegetarian Beliefs." *Rural Sociology* 64, no. 3 (1999): 500–11.

——, et al. "Values and Vegetarianism: An Exploratory Analysis." *Rural Sociology* 60, no. 3 (1995): 533–42.

Dilanian, Ken. "Bill Includes Billions in Farm Subsidies." *USA Today.* May 15, 2008. Accessed March 25, 2009. http://www.usatoday.com.

Donaldson, Tammy McCormick. "Is Boredom Driving Pigs Crazy?" Working paper, the University of Idaho College of Natural Resources. Accessed March 26, 2009. http://www.cnr.uidaho.edu.

Douglas, Mary. *Implicit Meanings: Essays in Anthropology.* London: Routledge & Kegan Paul, 1975.

Draycott, Simon, and Alan Dabbs. "Cognitive Dissonance: An Overview of the Literature and its Integration into Theory and Practice in Clinical Psychology." *British Journal of Clinical Psychology* 37 (1998): 341–53.

Du, Wayne. "Porcine Stress Syndrome Gene and Pork Production." Ontario Ministry of Agriculture Food and Rural Affairs. June 2004. Accessed March 27, 2009. http://www.omafra.gov.on.ca.

Dunayer, Joan. *Animal Equality: Language and Liberation.* Derwood, MD: Ryce Publishing, 2001.

Eisler, Riane. *The Chalice and the Blade: Our History, Our Future.*

New York: HarperCollins, 1987.

Eisnitz, Gail. *Slaughterhouse: The Shocking Story of Greed, Neglect, and Inhumane Treatment Inside the U.S. Meat Industry.* Amherst, NY: Prometheus Books, 1997.

Esselstyn, Caldwell B. *Prevent and Reverse Heart Disease: The Revolutionary, Scientifically Proven, Nutrition-Based Cure.* New York: Penguin, 2008.

Ewers, Justin. "Don't Read This Over Dinner." *U.S. News and World Report.*
August 7, 2005. Accessed March 31, 2009. http://www.usnews.com. "EWG Farm Bill 2007 Policy Analysis Database." *Environmental Working Group.*
Accessed March 25, 2009. http://farm.ewg.org.

Farb, Peter, and George Armelagos. *Consuming Passions: The Anthropology of Eating.* Boston: Houghton Mifflin, 1980.

Feldman, Megan. "Swift Meat Packing Plant and Illegal Immigrants." *The Houston Press.* April 4, 2007. Accessed March 4, 2020. http://www.houston press.com.

Fessler, Daniel M. T., and Carlos David Navarrette. "Meat Is Good to Taboo: Dietary Proscriptions as a Product of the Interaction of Psychological Mechanisms and Social Processes." *Journal of Cognition and Culture* 3, no. 1 (2003): 1–40. Accessed March 4, 2020. http://www.sscnet.ucla.edu.

——. UCLA. Accessed March 4, 2020. http://www.sscnet.ucla.edu/ anthro/faculty/fessler/pubs/MeatIsGoodToTaboo.pdf.

Festinger, Leon. *A Theory of Cognitive Dissonance.* Evanston, IL: Row, Peterson, 1957.

Fiddes, Nick. *Meat: A Natural Symbol.* New York: Rutledge, 1991.

Finsen, Lawrence, and Susan Finsen. *The Animal Rights Movement in America: From Compassion to Respect.* New York: Twayne Publishers, 1994.

Fischler, Claude. "Food Habits, Social Change and the Nature/Culture Dilemma." *Social Science Information* 19, no. 6 (1980): 937–53.

——. "Food, Self and Identity." *Social Science Information*. 27, no. 2 (1988): 275–92.

"Fish May Actually Feel Pain and React to It Much Like Humans Do." *Science Daily.* May 1, 2009. Accessed March 4, 2020. http://www.sciencedaily.com.

Food and Agriculture Organization of the United Nations. "Livestock's Long Shadow: Environmental Issues and Options." 2006. Accessed March 4, 2020. http://www.fao.org.

——. "Pro-Poor Livestock Policy Initiative." Accessed March 26, 2009. http://www.fao.org.

"Food Taboos: It's All a Matter of Taste." *National Geographic News.* April 19, 2004. Accessed March 26, 2009. http://news.nationalgeographic.com.

Fox, Michael Allen. *Deep Vegetarianism.* Philadelphia: Temple University Press, 1999.

Francione, Gary. *Animals, Property, and the Law.* Philadelphia: Temple University Press, 1995.

Friedman, Stanley. "On Vegetarianism." *Journal of the American*

Psychoanalytic Association 23, no. 2 (1975): 396–406.

Frommer, Frederic J. "Video Shows Workers Abusing Pigs." *The Guardian Unlimited.* September 17, 2008. Accessed March 31, 2009. http://www. guardian.co.uk.

Furst, Tanis, et al. "Food Choice: A Conceptual Model of the Process." *Appetite* 26 (1996): 247–66.

Garner, Robert, ed. *Animal Rights: The Changing Debate.* New York: New York University Press, 1996.

Gaudette, Karen. "USDA Expands Ground-Beef Recall." *Seattle Times.* July 4, 2008. Accessed March 27, 2009. http://seattletimes.nwsource.com.

Gofton, L. "The Rules of the Table: Sociological Factors Influencing Food Choice." In *The Food Consumer,* by Christopher Ritson, Leslie Gofton, and John McKenzie, 127–53. New York: John Wiley & Sons, 1986.

Greger, Michael. *Bird Flu: A Virus of Our Own Hatching.* New York: Lantern Books, 2006.

Grossman, Dave. *On Killing: The Psychological Cost of Learning to Kill in War and Society.* New York: Back Bay Books, 1996.

Gurian-Sherman, Doug. "CAFOs Uncovered: The Untold Costs of Confined Animal Feeding Operations." Union of Concerned Scientists. April 2008. Accessed March 31, 2009. http://www.ucsusa.org.

Halpin, Zuleyma Tang. "Scientific Objectivity and the Concept of the 'Other.'" *Women's Studies International Forum* 12, no. 3 (1989): 285–94.

Hamilton, Malcolm. "Wholefoods and Healthfoods: Beliefs and Attitudes." *Appetite* 20 (1993): 223–28.

Harmon-Jones, Eddie, and Judson Mills, eds. *Cognitive Dissonance: Progress on a Pivotal Theory in Social Psychology.* Washington, DC: American Psychological Association, 1999.

Hedges, Stephen J., and Washington Bureau. "E. Coli Loophole Cited in Recalls Tainted Meat Can Be Sold if Cooked." *Chicago Tribune.* November 11, 2007. Accessed March 27, 2009. http://archives.chicagotribune.com.

——. "Topps Meat Recall Raises Questions About Inspections Workload." *Chicago Tribune.* October 14, 2007. Accessed March 27, 2009. http:// archives.chicagotribune.com.

Heffernan, William, and Mary Hendrickson. "Concentration of Agricultural Markets." *National Farmer's Union.* April 2007. Accessed March 25, 2009. http://www.nfu.org.

Hegeman, Roxana. "Injuries Propel Union's Offences." *Arkansas Democrat Gazette.* February 18, 2007. Accessed March 27, 2009. http://www. nwanews.com.

Herman, Judith. *Trauma and Recovery: The Aftermath of Violence—From Domestic Abuse to Political Terror.* New York: Basic Books, 1997.

Hindley, M. Patricia. "'Minding Animals': The Role of Animals in Children's Mental Development." In *Attitudes to Animals: Views in Animal Welfare,* edited by F. L. Dolins, 186–99. Cambridge, UK: Cambridge University Press, 1999.

Holm, Lotte, and M. Mohl. "The Role of Meat in Everyday Food Culture: An Analysis of an Interview Study in Copenhagen." *Appetite* 34 (2000): 277–83.

Howard, George S. *Ecological Psychology: Creating a More Earth-Friendly Human Nature.* Notre Dame, IN: University of Notre Dame Press, 1997.

Human Rights Watch. "Blood, Sweat and Fear." HRW.org. January 24, 2005.

Accessed March 4, 2020. http://www.hrw.org.

Humane Society of the United States. "Undercover Investigation Reveals Rampant Animal Cruelty at California Slaughter Plant—A Major Beef Supplier to America's School Lunch Program." January 2008. Accessed March 26, 2009. http://www.hsus.org.

Irvin, David. "Control Debate, Growers Advised." *Arkansas-Democrat Gazette,* Northwest Arkansas edition. September 22, 2007. Accessed March 26, 2009. http://www.nwanews.com.

Jabs, Jennifer, Carol Devine, and J. Sobal. "Model of the Process of Adopting Vegetarian Diets: Health Vegetarians and Ethical Vegetarians." *Journal of Nutrition Education* 30, no. 4 (1998): 196–202.

Jacobsen, Ken, and Linda Riebel. *Eating to Save the Earth: Food Choices for a Healthy Planet.* Berkeley, CA: Celestial Arts, 2002.

Johns Hopkins Bloomberg School of Public Health. "Public Health Association Calls for Moratorium on Factory Farms; Cites Health Issues, Pollution." January 9, 2004. Accessed March 4, 2020. http:// www.jhsph.edu.

Johnson, Allan G. *The Forest and the Trees: Sociology as Life, Practice and Promise.*

Philadelphia: Temple University Press, 1997.

Joy, Melanie. "From Carnivore to Carnist: Liberating the Language of Meat."

Satya 8, no. 2 (2001): 26–27.

——. "Humanistic Psychology and Animal Rights: Reconsidering the Boundaries of the Humanistic Ethic." *Journal of Humanistic Psychology* 45, no. 1 (2005): 106–30.

——. "Psychic Numbing and Meat Consumption: The Psychology of Carnism." Dissertation, Saybrook Graduate School, 2003.

——. *Strategic Action for Animals: A Handbook on Strategic Movement Building, Organizing, and Activism for Animal Liberation.* New York: Lantern Books, 2008.

Jung, C. G. "The Problem of Evil Today." In *Meeting the Shadow: The Hidden Power of the Dark Side of Human Nature,* edited by C. Zweig and J. Abrams, 170–73. New York: Putnam, 1991.

Kapleau, Philip. *To Cherish All Life: A Buddhist Case for Becoming Vegetarian.*

Rochester, NY: The Zen Center, 1986.

Kellert, Stephen R., and Alan Felthous. "Childhood Cruelty toward Animals among Criminals and Noncriminals." *Human Relations* 38, no. 12 (1985): 1113–29.

Kelly, Daniel. "The Role of Psychology in the Study of Culture." Purdue University. Accessed March 4, 2020. http://web.ics.purdue.edu.

Kirby, Alex, "Fish Do Feel Pain, Scientists Say." *BBC News Online.* Accessed March 4, 2020. http://news.bbc.co.uk.

Kowalski, Gary. *The Souls of Animals.* Walpole, NH: Stillpoint, 1991.

Lea, Emma, and Anthony Worsley. "Influences on Meat Consumption in Australia." *Appetite* 36 (2001): 127–36.

Lee, Jennifer. "Neighbors of Vast Hog Farms Say Foul Air Endangers Their Health." *New York Times.* May 11, 2003. Accessed March 4, 2020. http:// www.nytimes.com.

Lemonick, Michael. "Why We Get Disgusted." *Time.* May 24, 2007. Accessed March 26, 2009. http://www.time.com.

Lifton, Robert Jay. "Beyond Psychic Numbing: A Call to Awareness." *American Journal of Orthopsychiatry* 52, no. 4 (1982): 619–29.

——. *The Nazi Doctors: Medical Killing and the Psychology of Genocide.* New York: Basic Books, 1986.

——. "A Nuclear Age Ethos: Ten Psychological-Ethical Principles." *Journal of Humanistic Psychology* 25, no. 4 (1985): 39–40.

Lifton, Robert Jay, and Eric Markusen. *The Genocidal Mentality: Nazi Holocaust and Nuclear Threat.* New York: Basic Books, 1990.

Lilliston, Ben. "A Fair Farm Bill for Competitive Markets." Institute for Agriculture and Trade Policy. 2007. Accessed March 29, 2009. http:// www.agobservatory.org.

Lindeman, Marjaana, and M. Väänänen. "Measurement of Ethical Food Choice Motives." *Appetite* 34 (2000): 55–59.

LJ. "Stop the Dog Meat Industry." ASPCA Online Community. February 18, 2009. Accessed March 26, 2009. Information had been removed from ASPCA's website by January 21, 2020.

Lobo, Phillip. "Animal Welfare and Activism: What You Need to Know." PowerPoint presentation at the FMI-AMI Meat Conference. March 10, 2008. Accessed March 4, 2020. http://www.meatconference.com.

Locatelli, Margaret Garrett, and Robert Holt. "Antinuclear Activism, Psychic Numbing, and Mental Health." *International Journal of Mental Health* 15, no. 1–3 (1986): 143–61.

Lovelock, James. *Gaia: A New Look at Life on Earth.* Oxford, UK: Oxford University Press, 1979.

Macy, Joanna. "Working through Environmental Despair." In *Ecopsychology: Restoring the Earth, Healing the Mind,* edited by T. Roszak, M. E. Gomes, and A. D. Kanner, 240–59. San Francisco: Sierra Club Books, 1995. Marcus, Erik. *Meat Market: Animals, Ethics, and Money.* Ithaca, NY: Brio Press, 2005.

——. *Vegan: The New Ethics of Eating.* Ithaca, NY: McBooks, 1998.

Maslow, Abraham. *Motivation and Personality.* 3rd ed. New York: Harper & Row, 1987.

Masson, Jeffrey. *The Face on Your Plate: The Truth about Food.* New York: W.W. Norton, 2009.

Mattera, Philip. "USDA Inc.: How Agribusiness Has Hijacked Regulatory Policy at the U.S. Department of Agriculture."

Corporate research project of Good Jobs First. July 23, 2004. Accessed March 25, 2009. http://www.agribusinessaccountability.org.

Mattes, Richard D. “Learned Food Aversions: A Family Study.” *Physiology and Behavior* 50 (1991): 499–504.

Maurer, Donna. *Vegetarianism: Movement or Moment?* Philadelphia: Temple University Press, 2002.

McDonald, Barbara, Ronald M. Cervero, and Bradley C. Courtenay. “An Ecological Perspective of Power in Transformational Learning: A Case Study of Ethical Vegans.” *Adult Education Quarterly* 50, no. 1 (1999): 5–23.

McDougall, John A., and Mary McDougall. *The McDougall Program: Twelve Days to Dynamic Health.* New York: Plume, 1991.

McElroy, Damien. “Korean Outrage as West Tries to Use World Cup to Ban Dog Eating.” *Telegraph.* January 6, 2002. Accessed March 4, 2020. http:// www.telegraph.co.uk.

Messina, Virginia, and Mark Messina. *The Vegetarian Way.* New York: Crown Trade Paperbacks, 1996.

Metzner, Ralph. *Green Psychology: Transforming Our Relationship to the Earth.*
Rochester, VT: Park Street Press, 1999.

Midei, Aimee. “Identification of the First Gene in Posttraumatic Stress Disorder.” *Bio-Medicine.* September 22, 2002. Accessed March 4, 2020. http://news.bio-medicine.org.

Midgley, Mary. *Animals and Why They Matter: A Journey Around the Species Barrier.* New York: Penguin, 1983.

Milgram, Stanley. *Obedience to Authority: An Experimental View.* New York: Harper & Row, 1974.

Mintz, Sidney. *Tasting Food, Tasting Freedom: Excursions into Eating, Culture, and the Past.* Boston: Beacon Press, 1996.

Mitchell, C. E. “Animals—Sacred or Secondary? Ideological Influences on Therapist and Client Priorities and Approaches to Decision-Making.” *Psychology* 30, no. 1 (1993): 22–28.

Mittal, Anuradha. “Giving Away the Farm: The 2002 Farm Bill.” The Oakland Institute. June 2002. Accessed March 27, 2009. http://www. oaklandinstitute.org. The Oakland Institute is a policy think tank whose focus is on increasing public participation in, and fair debate on, critical social and environmental issues. Anuradha Mittal (the institute’s executive director) was named most valuable thinker of 2008 by *Nation* magazine.

“More Urban, Suburban Homes Have Pet Chickens.” *Dallas Morning News.*
July 16, 2007. Accessed March 27, 2009. http://www.dallasnews.com.

Morgan, Dan, Gilbert M. Gaul, and Sarah Cohen. “Harvesting Cash: A Year- Long Investigation into Farm Subsidies.” *Washington Post.* 2006. Accessed March 4, 2020. http://www.washingtonpost.com.

Morrow, Julie. “An Overview of Current Dairy Welfare Concerns from the North American Perspective.” December 19, 2002. Accessed March 4, 2020. http://www.nal.usda.gov.

Motovalli, Jim. “The Meat of the Matter: Our Livestock

Industry Creates More Greenhouse Gas than Transportation Does." *E Magazine* 19.4 (July/Aug. 2008).

Murcott, A. "You Are What You Eat: Anthropological Factors Influencing Food Choice." In *The Food Consumer,* edited by Christopher Ritson, Leslie Gofton, and John McKenzie, 107–25. New York: John Wiley & Sons, 1986.

National Endowment for the Humanities. "Voting Rights for Women: Pro- and Anti- Suffrage." *EDSITEment.com.* June 11, 2002. Accessed March 27, 2009. http://edsitement.neh.gov.

National Resources Defense Council. "Pollution from Giant Livestock Farms Threatens Public Health." July 15, 2005. Accessed March 4, 2020. http://www.nrdc.org.

"Nebraska Beef Recalls 1.2 Million Pounds of Beef." *MSNBC.com.* August 10, 2008. Accessed March 27, 2009. http://www.msnbc.msn.com.

Nestle, Marion. *Food Politics: How the Food Industry Influences Nutrition and Health.*
Berkeley: University of California Press, 2007.

Nibert, David Allen. *Animal Rights/Human Rights: Entanglements of Oppression and Liberation.* Lanham, MD: Rowman & Littlefield, 2002.

Norberg-Hodge, Helena. "Compassion in the Age of the Global Economy." *The Psychology of Awakening: Buddhism, Science, and Our Day-to-Day Lives,* edited by G. Watson, S. Batchelor, and G. Claxton, 55–67. York Beach, ME: Samuel Weiser, 2000.

Passariello, Phyllis. "Me and My Totem: Cross-Cultural Attitudes towards Animals." *Attitudes to Animals: Views in Animal Welfare,* edited by F. L. Dolins, 12–25. Cambridge, UK: Cambridge University Press, 1999.

Patterson, Charles. *Eternal Treblinka: Our Treatment of Animals and the Holocaust.*
New York: Lantern Books, 2002.

Petrinovich, L., P. O'Neill, and M. Jorgensen. "An Empirical Study of Moral Intuition: Toward an Evolutionary Ethics." *Journal of Personality and Social Psychology* 64, no. 3 (1993): 467–78.

Phillips, Mary T. "Savages, Drunks, and Lab Animals: The Researcher's Perception of Pain." *Society and Animals* 1, no. 1 (1993): 61–81.

Phillips, R. L. "Coronary Heart Disease Mortality among Seventh Day Adventists with Differing Dietary Habits; a Preliminary Report." *Cancer Epidemiology, Biomarkers and Prevention* 13 (2004): 1665.

Physicians Committee for Responsible Medicine. "The Protein Myth." Accessed March 26, 2009. http://www.pcrm.org.

Pickert, Kate. "Undercover Animal-Rights Investigator" *Time.* March 9, 2009.
Accessed March 26, 2009. http://www.time.com.

Pilisuk, Marc. "Cognitive Balance and Self-Relevant Attitudes." *Journal of Abnormal and Social Psychology* 6, no. 2 (1962): 95–103.

———. "The Hidden Structure of Contemporary Violence." *Peace and Conflict: Journal of Peace Psychology* 4 (1998): 197–216.

Pilisuk, Marc, and Melanie Joy. "Humanistic Psychology and Ecology." *The Handbook of Humanistic Psychology: Leading Edges in Theory, Research and Practice,* edited by K. J. Schneider, J.T. Bugental, and J. F. Pierson, 101–14. Thousand Oaks, CA: Sage Publications, 2000.

Plous, Scott. "Psychological Mechanisms in the Human Use of Animals." *Journal of Social Issues* 49, no. 1 (1993): 11–52.

Pollan, Michael. *The Omnivore's Dilemma: A Natural History of Four Meals.* New York: Penguin, 2006.（『雑食動物のジレンマ（上・下）』マイケル・ポーラン、ラッセル秀子訳、東洋経済新報社、二〇〇九年）

——. "Power Steer." *New York Times.* March 31, 2002, sec. 6.

Prilleltensky, Isaac. "Psychology and the Status Quo." *American Psychologist* 44, no. 5 (1989): 795–802.

Public Broadcasting Service (PBS). "Meatpacking in the U.S.: Still a 'Jungle' Out There?" Episode description for the news program *NOW.* December 15, 2006. Accessed March 4, 2020. http://www.pbs.org.

Ramachandran, V. S. "Mirror Neurons and the Brain in the Vat." *Edge: The Third Culture.* January 10, 2006. Accessed March 26, 2009. http://www.edge.org.

Randour, Mary Lou. *Animal Grace: Entering a Spiritual Relationship with Our Fellow Creatures.* Novato, CA: New World Library, 2000.

Regan, Tom. *The Case for Animal Rights.* Berkeley: University of California Press, 1983.

"Retailer Recalls Parkas Trimmed in Dog Fur." *New York Times.* December 16, 1998. Accessed March 4, 2020. http://www.nytimes.com.

Richardson, N. J. "UK Consumer Perceptions of Meat." *Proceedings of the Nutrition Society* 53 (1994): 281–87.

Richardson, N. J., R. Shepard, and N. A. Elliman. "Current Attitudes and Future Influences on Meat Consumption in the U.K." *Appetite* 21 (1993): 41–51.

Rifkin, Jeremy. *Beyond Beef: The Rise and Fall of the Cattle Culture.* New York: Plume, 1992.

Robbins, John. *Diet for a New America.* Tiburon, CA: H. J. Kramer, 1987.

——. *The Food Revolution: How Your Diet Can Help Save Your Life and the World.*

Berkeley, CA: Conari Press, 2001.

Rogers, Carl. *On Becoming a Person.* Boston: Houghton Mifflin, 1961.

"Role of the Meat and Poultry Industry in the U.S. Economy." *American Meat Institute.* 2000. Accessed November 1, 2001. http://www.meatami.com.

Rosen, Steven. *Diet for Transcendence: Vegetarianism and the World Religions.* Badger, CA: Torchlight Publishing, 1997.

Rostler, Suzanne. "Vegetarian Diet May Mask Eating Disorder in Teens." *Journal of Adolescent Health* 29 (2001): 406–16.

Rozin, Paul. "Moralization." In *Morality and Health,* edited by A. Brandt and P. Rozin, 379–401. New York: Rutledge, 1997.

——. "A Perspective on Disgust." *Psychological Review* 94, no. 1

(1987): 23–41.

Rozin, Paul, and April Fallon. "The Psychological Categorization of Foods and Non-Foods: A Preliminary Taxonomy of Food Rejections." *Appetite* 1 (1980): 193–201.

Rozin, Paul, Maureen Markwith, and Caryn Stoess. "Moralization and Becoming a Vegetarian: The Transformation of Preferences into Values and the Recruitment of Disgust." *Psychological Science* 8, no. 2 (1977): 67–73.

Rozin, Paul, M. L. Pelchat, and A. E. Fallon. "Psychological Factors Influencing Food Choice." In *The Food Consumer,* edited by C. Ritson, L. Gofton, and J. McKenzie, 85–106. New York: John Wiley & Sons, 1986.

Ryder, Richard D. *The Political Animal: The Conquest of Speciesism.* Jefferson, NC: McFarland & Company, 1998.

Sapp, Stephen G., and Wendy J. Harrod. "Social Acceptability and Intentions to Eat Beef: An Expansion of the Fishbein-Ajzen Model Using Reference Group Theory." *Rural Sociology* 54, no. 3 (1989): 420–38.

Schafer, Robert, and Elizabeth A. Yetley. "Social Psychology of Food Faddism." *Journal of the American Dietetic Association* 66 (1975): 129–133.

Schlosser, Eric. "The Chain Never Stops." *Mother Jones.* July/August 2001.（『ファストフードが世界を食いつくす』エリック・シュローサー、楡井浩一訳、草思社、二〇〇一年）
Accessed March 4, 2020. http://www.motherjones.com.

——. *Fast Food Nation: The Dark Side of the All-American Meal.* New York: Houghton Mifflin, 2001.

——. "Fast Food Nation: Meat and Potatoes." *Rolling Stone.* September 3, 1998. www.rollingstone.com.

——. "Tyson's Moral Anchor." *The Nation.* June 24, 2004. Accessed March 27, 2009. http://www.thenation.com.

Schnall, Simone, Jonathan Haidt, and Gerald L. Clore. "Disgust as Embodied Moral Judgment." *Personality and Social Psychology Bulletin* 34, no. 8 (2008): 1096–109.

Schwartz, Richard H. *Judaism and Vegetarianism.* New York: Lantern Books, 2001.

Scully, Matthew. *Dominion: The Power of Man, the Suffering of Animals, and the Call to Mercy.* New York: St. Martin's Griffin Press, 2002.

Serpell, James A. *In the Company of Animals.* New York: Basil Blackwell, 1986.

——. "Sheep in Wolves' Clothing? Attitudes to Animals among Farmers and Scientists." In *Attitudes to Animals: Views in Animal Welfare,* edited F. L. Dolins, 26–33. Cambridge, UK: Cambridge University Press, 1999.

Severson, Kim. "Upton Sinclair, Now Playing on You Tube." *New York Times.*
March 12, 2008. Accessed March 4, 2020. http://www.nytimes.com.

Shapiro, Kenneth J. "Animal Rights Versus Humanism: The Charge of Speciesism." *Journal of Humanistic Psychology* 30, no. 2 (1990): 9–37.

Shepard, Paul. *The Tender Carnivore and the Sacred Game.* New

York: Scribners, 1973.

Shickle, D., et al. "Differences in Health, Knowledge and Attitudes between Vegetarians and Meat Eaters in a Random Population Sample." *Journal of the Royal Society of Medicine* 82 (1989): 18–20.

"Short Supply of Inspectors Threatens Meat Safety." MSNBC.com. February 21, 2008. Accessed March 27, 2009. http://www.msnbc.msn.com.

Simoons, Frederick J. *Eat Not This Flesh: Food Avoidances in the Old World.* Madison: University of Wisconsin Press, 1961.

Sims, L. S. "Food-Related Value-Orientations, Attitudes, and Beliefs of Vegetarians and Non-Vegetarians." *Ecology of Food and Nutrition* 7 (1978): 23–35.

Sinclair, Upton. *The Jungle.* New York: Penguin Classics, 2006. (『ジャングル』アプトン・シンクレア、大井浩二訳・解説、松柏社、二〇〇九年)

Singer, Peter. *Animal Liberation.* New York: Avon Books, 1990. (『動物の解放　改訂版』ピーター・シンガー、戸田清訳、人文書院、二〇一一年)

Slovic, Paul. "'If I Look at the Mass I Will Never Act': Psychic Numbing and Genocide." *Judgment and Decision Making* 2, no. 2 (2007): 79–95.

Smith, Allen C., and Sherryl Kleinman. "Managing Emotions in Medical School: Students' Contacts with the Living and the Dead." *Social Psychology Quarterly* 52, no. 1 (1989): 56–69.

Sneddon, L. U., V. A. Braithwaite, and M. J. Gentle. "Do Fishes Have Nociceptors? Evidence for the Evolution of a Vertebrate Sensory System." *Proceedings of the Royal Society of London,* B 270. 1520 (June 7, 2003): 1115–21.

Spencer, Colin. *The Heretic's Feast: A History of Vegetarianism.* Hanover, NH: University Press of New England, 1995.

Spiegel, Marjorie. *The Dreaded Comparison: Human and Animal Slavery.* New York: Mirror Books, 1988.

Stamm, B. Hudnall, ed. *Secondary Traumatic Stress: Self-Care Issues for Clinicians, Researchers, and Educators.* 2nd ed. Baltimore, MD: Sidran Press, 1999.

Stepaniak, Joanne. *The Vegan Sourcebook.* Los Angeles: Lowell House, 1998. Stout, Martha. *The Sociopath Next Door.* New York: Broadway Books, 2005. Thich Nhat Hanh. *For a Future to Be Possible: Commentaries on the Five Wonderful Precepts.* Berkeley, CA: Parallax Press, 1993.

Tolle, Eckhart. *A New Earth: Awakening to Your Life's Purpose.* New York: Plume, 2005.

——. *The Power of Now: A Guide to Spiritual Enlightenment.* Novato, CA: New World Library, 1999.

Tsouderos, Trine. "Some Facial Expressions Are Part of a Primal 'Disgust Response', University of Toronto Study Finds." *Chicago Tribune.* February 27, 2009. Accessed March 26, 2009. http://www.chicagotribune.com.

Twigg, Julia. "Vegetarianism and the Meanings of Meat." In *The Sociology of Food and Eating,* edited by A. Murcott, and A. Aldershot, 18–30. England: Gomer Publishing, 1983.

Union of Concerned Scientists. "Outbreak of a Resistant Food Borne Illness." July 18, 2003. Accessed March 27, 2009.

http://www.ucsusa.org.

——. "They Eat What? The Reality of Feed at Animal Factories." August 8, 2006. Accessed March 27, 2009. http://www.ucsusa.org.

US Department of Agriculture. "Nebraska Firm Recalls Beef Products Due to Possible E. coli O157:H7 Contamination." June 30, 2008. Accessed March 27, 2009. http://www.fsis.usda.gov.

US Department of Agriculture, Grain Inspection, Packers, and Stockyards Administration (GIPSA). Accessed March 30, 2009. http://www.gipsa. usda.gov. Statement of David R. Shipman, acting administrator of the Grain Inspection, Packers, and Stockyards Administration, before the Subcommittee on Agriculture, Rural Development, and Related Agencies, in reference to the FY 2003 budget proposal.

US Department of Labor. "Safety and Health Guide for the Meatpacking Industry." 1988. Accessed March 4, 2020. http://www.osha.gov.

Vann, Madeline. "High Meat Consumption Linked to Heightened Cancer Risk." *U.S. News and World Report.* December 11, 2007. Accessed March 27, 2009. http://health.usnews.comusnews.

Vansickle, Joe. "Preparing Pigs for Transport." *The National Hog Farmer.* September 15, 2008. Accessed March 4, 2020. http://nationalhog farmer.com.

Verhovek, Sam. "Gain for Winfrey in Suit by Beef Producers in Texas." *New York Times.* February 18, 1998. Accessed March 27, 2009. http://query. nytimes.com.

Warrick, Joby. "They Die Piece by Piece." *Washington Post.* April 10, 2001.

Accessed March 26, 2009. http://www.hfa.org.

Weingarten, Kaethe. *Common Shock: Witnessing Violence Every Day.* New York: New American Library, 2004.

WGBH Educational Foundation. "Inside the Slaughterhouse." Accessed March 4, 2020. http://www.pbs.org.

——. "What Is HAACP?" Accessed March 27, 2009. http://www.pbs.org. Wheatley, Thalia, and Jonathon Haidt. "Hypnotically Induced Disgust Makes

Moral Judgments More Severe." *Psychological Science* 16 (2005): 780–84.

Wolf, David B. "Social Work and Speciesism." *Social Work* 45, no. 1 (2000): 88–93.

Worldwatch Institute. "Worldwatch Institute: Vision for a Sustainable World." March 26, 2009. Accessed March 27, 2009. http://www.worldwatch.org.

Worsley, Anthony, and Grace Skrzypiec. "Teenage Vegetarianism Prevalence, Social and Cognitive Contexts." *Appetite* 30 (1998): 151–70.

Zey, Mary, and William Alex McIntosh. "Predicting Intent to Consume Beef: Normative Versus Attitudinal Influences." *Rural Sociology* 57, no. 2 (1992): 250–65.

Zur, Ofer. "On Nuclear Attitudes and Psychic Numbing: Overview and Critique." *Contemporary Social Psychology* 14, no. 2 (1990): 96–119.

Zwerdling, Daniel. "A View to a Kill." *Gourmet.* June 2007. Accessed March 26, 2009. http://www.gourmet.com.

訳者あとがき

それは私がまだ小学生の頃、遠足の帰り道で貸切バスに乗っている時でした。ふと窓の外に目をやると、横には大型トラックが走っていて、荷台の隙間から牛の大きな瞳が私を見ていました。動物好きの私が喜びで「あ、牛だ！」と声を上げたら、クラスメイトの男の子が「そいつらはこれから殺されるんだ！」と返しました。その瞬間、私はなんだかとても悲しくなり、お肉を食べるのが嫌になりました。しかし、母の手料理は絶品で、暫くしたら何事もなかったかのようにまたお肉を食べ始めたのです。それから本格的にベジタリアンになるまで少し時間はかかりましたが、あの時の牛の瞳が私の人生に大きな影響を与えたのは間違いありません。

大学卒業後、私はアニマルケアの勉強をしに英国に留学しました。そこで私はFactory Farming（工場式農場）の現実を突きつけられたのです。人間の消費や娯楽の為に利用される動物の悲惨な運命を映し出した、覆面調査員によるその記録はあまりにも衝撃的で、人間はこんなにも利己的で残忍になれるものかと驚愕し、またこれまで無知であった自分自身に激しい動揺を覚えました。確かにお肉は美味しい。でもそれ以来、舌が喜んでも心が泣くのです。二四時間三六五日世界中のあらゆる場所で人間の胃を満たすため、どれだけ多くの動物が血を流すのか。スーパーで売れ残り、或いは食べ残りとして廃棄される肉のために、どれだけの命が無駄に生産され失われるのか。人間の金儲けと利便性のためだけに、どれだけの苦痛を動物は味わわなければならないのか。人間の都合で多大なる犠牲を強いられる「家畜」と分類される生き物を思う時、私はどうしようもなく胸がかきむしられます。英国で過ごした一年の間に私は実践できる限り「脱動物搾取」の道を歩もうと決めたのでした。

それから一〇年ほど経った頃、とあるヨーロッパの書店で「Why We Love Dogs, Eat Pigs, and Wear Cows」に巡り合いました。妙に好奇心がそそられるタイトルでした。著者のメラニー・ジョイ博士は社会心理学者で、人間の肉食という行為と社会全体に深く根差し、不可視化された体制が複雑に絡み合う関連性を心理学的視点からアプローチしました。畜産の真実に関する書物は数多くありますが、ジョイ博士の本書は他の類書と比べて、新鮮で説得力があると私は感じました。

＊

この本を手に取り読んでくださったことに感謝します。私が「Why We Love Dogs, Eat Pigs, and Wear Cows」を日本語に訳したのは、一人でも多くの人に家畜動物を取り巻く現実を知って欲しい、それを当たり前だと思わないで欲しい、そしてそこから目を逸らさないで欲しい、その一心です。お肉を食べる前にほんの少しで良いから、動物の苦しみを減らすために人間に何が出来るのか、考えていただけたら幸いです。屠殺される運命だからと言って、感情や感覚のある動物を人間が粗末に扱って良いとは、私は思いません。せめて生きている間だけでも、苦痛なく幸せに生きて欲しいのです。

問題があまりにも大きすぎて無力に感じるかもしれません。実は私もそうです。でも、だからといって諦めたら、それこそ何も変わりません。一〇年前と比べて日本でもヴィーガニズム／ベジタリアニズム（尚、Vegan／vegetarian のカタカナ表記に関しては本書では一般的に使用されているヴィーガン／ベジタリアンを採用いたしました。）が随分と受け入れられるようになりました。それは一〇年前にここ日本で、土台を築こうと種を蒔いた人たちがいたからこそではないでしょうか。偏見や批判を恐れず、地道な努力を積み重ねてきた名前も知らない同志達に、惜しみない称賛を送りたいと思います。例えば、この本を読んだ人がスーパーで手軽に入手できるようになった植物由来の代替肉を試してみたり、ヴィーガニズム／ベジタリアニズムについて周りの人と情報共有や意見交換をしたりすることで、「脱動物搾取」の輪が徐々に日本社会全体に広がったら、一〇年後にはもしかしたら屠殺される家畜動物の数も、彼らの不必要で極端な苦痛も減っているかもしれません。Never say never. 決して不可能なことだとは、私は思いません。

最後に、翻訳にあたって今の自分に出来る最大限の努力をしたつもりではありますが、至らぬところもあるかもしれません。万が一読みにくいと感じる部分がありましたら、ご容赦いただければと思います。Adam Gourley 氏には翻訳を進める中でサポートをしていただき、青土社の篠原一平氏と福島舞氏には出版にいたる道を切り開き、更に全章を通して骨折りな編集作業をしていただきました。また、Beyond Carnism の Alex Higson 氏には版権エージェントを通して青土社に繋いでいただき、翻訳作業中も度々激励のメールをいただきました。ここに心から謝意を示したいと思います。

二〇二二年五月

玉木麻子

【著者】メラニー・ジョイ（Melanie Joy）
社会心理学者。慈善団体 Beyond Carnism（carnism.org）の設立者兼代表者でもある。著書に /Beyond Beliefs: A Guide to Improving Relationships and Communication for Vegans, Vegetarians, and Meat Eaters /（2018）、/Powerarchy: Understanding the Psychology of Oppression for Social Transformation/（2019）/、Getting Relationships Right/（2020）などがある。

WHY WE LOVE DOGS, EAT PIGS AND WEAR COWS
AN INTRODUCTION TO CARNISM
by Melanie Joy, PhD
Foreword by Yuval Noah Harari

私たちはなぜ犬を愛し、
豚を食べ、牛を身にまとうのか
カーニズムとは何か

著　者　メラニー・ジョイ
訳　者　玉木麻子

2022年6月10日　第一刷発行
2022年9月30日　第二刷発行

発行者　清水一人
発行所　青土社

〒101-0051　東京都千代田区神田神保町1-29 市瀬ビル
［電話］03-3291-9831（編集）　03-3294-7829（営業）
［振替］00190-7-192955

印刷・製本　ディグ
装丁　大倉真一郎

ISBN 978-4-7917-7476-0 Printed in Japan